diss?
PEACE!

~~디스~~보다 피스

PEACE!

박하재홍 지음

세대를 뛰어넘어
대중음악으로 소통하기

슬로비

먼저 읽었습니다

힙합에 30년간 빠져 살았던 장르의 오랜 팬으로서, 음악이나 패션으로서의 힙합이 아닌 문화 그 자체로서의 힙합을 '살아가는' 사람을 꼽아보라면 주저 없이 박하재홍을 고를 것이다. 그가 어떤 계기를 통해 그런 삶을 살게 되었는지 늘 궁금했던 한 사람으로 이번 책에 담긴 그의 어린 시절부터 최근까지의 에피소드들은 그저 반갑기만 하다.

김민철 a.k.a. '올드스쿨티쳐'
석관고등학교 교사, 힙합뮤지션

청소년에게 필요한 건 어른들의 '라떼' 같은 조언이 아니라 이 책의 내용처럼 그들의 내면을 진정성 있게 이해하고 공감해 주는 것이다. 그는 제주도에서 청소년들이 즐겨 듣는 음악에 관심을 쏟기 시작해, 전국 곳곳에서 대중음악으로 활발히 소통해 왔다. 여기 '세상에 하나쯤 있어도 좋을 래퍼'라고 겸손하게 말하는 래퍼가 있다. 하나쯤이 아니다. 그는 힙합의 방식으로 마이크를 나누며, 세대 간 단절을 이어주는 대한민국의 '원 앤 온리'이다.

양경연
제주도서관 사서

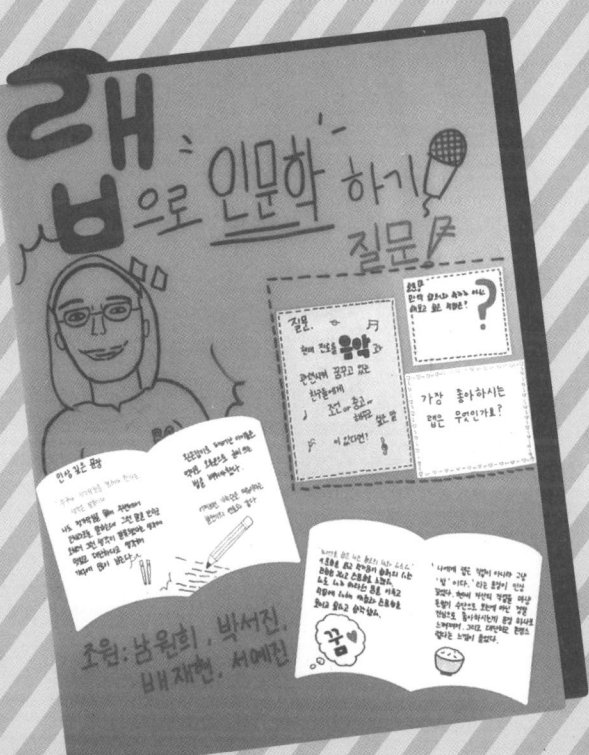

10대를 만나며 인생을 이야기하고, 음악으로 내면을 어루만져 주는 이가 음악 교사라면 저자는 최고의 음악 교사다. 익숙하지만 어렵고 방대한 '대중음악 속 이야기를 10대와 어떻게 나눌 수 있을까?' 고민하는 교사에게 이 책은 일상 속 배경음악 같은 대중음악이 얼마나 큰 힘이 있는지 알려준다. 저자가 만난 수많은 학생의 이야기와 대중음악사를 엮은 스토리의 힘. 교과서에 없는 진짜 대중음악 이야기로 깊이 있는 이해가 싹튼다.

이진숙
대평고등학교(수원) 음악 교사

2013년 박하재홍을 처음 만났을 때는 그가 인문학에 관심 있는 래퍼 즉 음악가인 줄 알았다. 이제는 환경과 동물복지에 관심 있고 무엇보다 10대들을 무척 사랑하는 사람이란 것을 안다. 그가 사랑하는 단어들이 이 책에 모두 들어 있다. 이 책을 이루고 있는 13개의 단어들은 깊이 생각해 볼 가치가 있고, 특히 그 정점에 있는 디스와 피스의 이야기는 가슴에 새길 만하다. 비주류라 생각하며 스스로를 소외시키는 많은 청소년과 자신을 주류라 여기며 너무 자신만만하게 살아가는 어른들도 읽어보면 좋은 책이다.

양향숙
무안 고등학교(전남) 사서교사

음악은 어디든 있다. 음악을 좋아하는 사람이 있는 곳은 어디든 가는 사람이 있다. 박하재홍은 모든 사람들에게 자신만의 OST가 존재함을 아는 이다. 진짜를 추구하고 도움되는 요소들을 곳곳에서 찾아내는 힙합의 미덕이 그의 삶과 활동 속에 배어 있다. 그와 함께 '전국노래사랑' 유랑의 길을 떠나보자. 걸음걸음 미소가 지어질 것이다.

장창현 a.k.a. '장원장'
정신과 의사, 래퍼

나는 대중음악을 즐기지 않는다. 그런데 이 책을 읽고 대중음악의 역사적·사회적 맥락을 이해하고 관심을 갖게 되었다. 박하재홍 작가는 청소년들에게 좋아하는 음악을 추천받고 그 음악을 토대로 한 인문학 수업을 진행하면서 수천 명의 청소년을 만나왔다. 책에는 항상 배우는 자세로 사람들을 만나온 그의 삶이 고스란히 담겨 있다. 나처럼 대중음악에 무관심했거나 청소년과의 소통이 두려운 사람들에게 이 책을 권한다. 대중음악에 대한 관심과 청소년들에게 다가갈 용기가 생길 것이다.

이현진
(사) 와우컬쳐랩 대표

박하 재홍 님의 강의를 들어보니 정말 음악을 좋아하시는 것이 보였고 중간중간 랩도 해주셔서 재밌었다.
특히 그 자리에서 즉흥적으로 랩을 하는 모습이 인상적이였다. 그리고 마지막쯤엔 돈에 대해서도 말씀 해 주셨다. 이번강의를 계기로 랩과 힙합 에대해 조금 관심을 가지게 될 것 같다.!!

일러두기

- '✡' 별표가 표시된 (본문 가사 끝부분) 노래와 동영상은
  '책 속 플레이리스트' QR코드(200쪽)로 이어 감상할 수 있습니다.
- 일부 음악 용어는 현재 통용하는 단어 그대로 씁니다.
- 책 제목은 『 』, 논문·기사 제목은 「 」, 앨범은 《 》,
  노래·영화·신문·방송·잡지는 〈 〉로 묶어 표기했습니다.

contents

PEACE!

12	이야기를 열며		우리가 음악으로 연결될 수 있다면
23	경험		세대를 뛰어넘어 음악으로 소통하기
35	화합		우리 곁의 재즈
45	용기		싱어송라이터가 우리에게 하는 말
57	자연		리듬을 타자
69	성장		나아간다는 것
81	미래		누군가는 오늘도 세상을 구하러 간다
95	평화		'팝'이라는 거대한 물결
111	교류		록으로 게임을 이해하다
123	성품		음악으로 나다움을 말한다
135	지역		힙합은 풀뿌리 문화운동이다
153	책임		랩으로 쏟아낸 말말말, 주워 담을 수 없다
167	연대		너와 나의 연결고리
179	실천		디스보다 피스
190	이야기를 닫으며		대중음악에서 배운 것들
200			책 속 플레이리스트
202			추천 음악 100퍼센트 활용하기
206			주

우리가 음악으로 연결될 수 있다면

이야기를 열며

"이 노래 꼭 들어보세요. 정말 좋아요."

수업 마감 종이 울리고 서둘러 교실을 벗어나려는데 6학년 남학생이 말을 건넨다. 록밴드 버즈의 〈나에게로 떠나는 여행〉. 버즈의 다른 노래는 10대들에게 종종 추천받았지만 이 노래는 또 처음이다.

"물론이지, 꼭 들어볼게요."

진지한 소년의 표정에 압도되어 살짝 어색하게 웃어 보였다. 버즈가 2005년에 발표한 곡이니 지금의 6학년에게는 까마득한 옛날 음악이다.

2022년 12월, 마지막 일정으로 경북 구미의 한 중학교를 방문했다. 1학년 학생들이 체육관에 빽빽이 자리 잡고 있었다. 언제나 그렇듯 시작이 중요하다. 심호흡을 하고, 마이크를 꾹 잡고 즉흥 랩으로 나를 소개했다. 처음부터 다짜고짜 프리스타일 랩을 시도하는 방식으로 승부수를 던지는 것이다.

랩의 흐름을 타고 학생들의 잔잔한 호응이 밀물처럼 들어찼다. 야호, 성공이다. 한시름 놓았지만 연속 3교시까지 이 분위기를 이어가려면 정신을 바짝 차려야 한다. 나는 1교시를 마치며 슬쩍 얘기한다 (쉬는 시간에 학생들의 긴장을 풀면서 분위기를 전환해야 한다).

"여러분의 추천 음악을 칠판에 적어주세요. 배우는 마음으로 전부 찾아 듣겠습니다."

강당 양쪽에 세워놓은 하얀 칠판 앞은 줄을 선 학생들로 금방 북적인다. 동시에 난 노래 부르기를 좋아하는 학생을 찾는다.

"노래방에 자주 가는 사람? 지금 불러봐요. 아무도 평가하지 않을 거니까."

몇몇이 도전하고 싶은데 용기가 나지 않는 눈치다. 망설이다가 아무도 나오지 않을 때도 있지만, 이날은 연말이라서인지 쉬는 시간 내내 노래가 이어졌다. 마치 소풍날 잔디밭에서처럼, 노래 연습하는 친구 주변에 모여 앉아 가볍게 고개를 끄덕이거나 손을 흔들어주는 장면도 연출됐다. 낙원이 따로 없다. 소소한 선물도 달콤한 과자도 없지만 노래하는 것이 삶의 선물이라는 걸, 우린 본능처럼 알고 있다. 그때 중학교 1학년이면 대개 2009년생이었는데, 당시의 유행곡과는 거리가 먼 노래들을 들려주었다.

아이유 〈좋은 날〉 발매일 2010년
10CM 〈나의 어깨에 기대어요〉 발매일 2019년
이지 〈응급실〉 발매일 2005년
김하온 〈붕붕〉 발매일 2018년

아이들이 즐겨 듣는 노래에 호기심을 가지고 그 안의 예술적·인문적 장점을 설명하는 수업은 내가 가장 잘하는 일이다. 나는 학생들의 내면을 인정하며 각자의 선택에 가치를 부여하고, 그들은 자연스레 내 말에 귀 기울인다. 또 그 과정에서 스스로 예술을 향한 욕구와 지적 능력을 자각하게 된다.

그런 수업을 해온 지 10년이 넘었다. 이젠 추천 음악 목록만 쭉 읽어봐도 노래를 고른 사람의 내면이 어떤 색깔인지 대략 짐작할 수 있다.

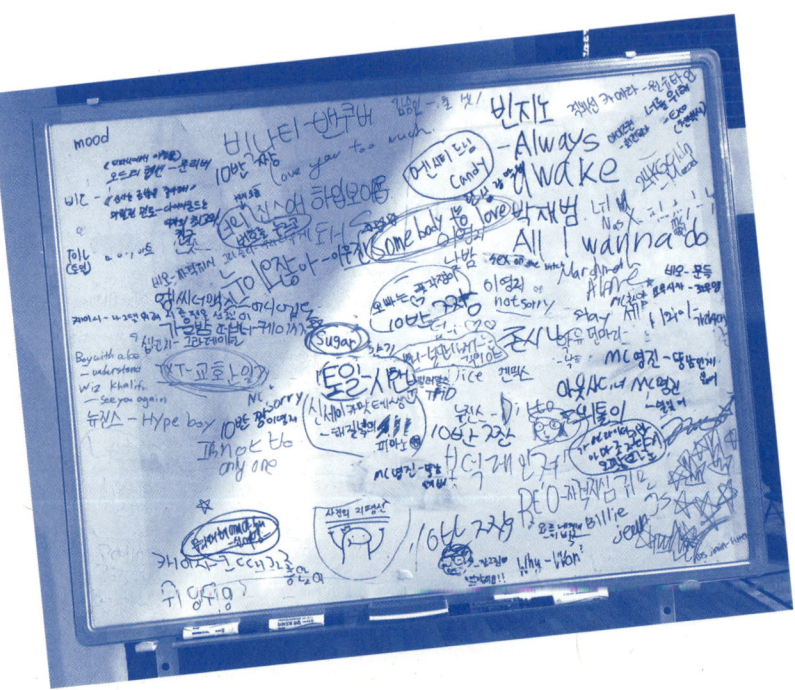

이야기를 열며

흥미로운 건 대개 중학교 2학년 무렵부터 슬픈 노래에 급속도로 반응한다는 사실이다. 나도 그랬다. 중학교 1학년 때는 만화영화 〈드래곤볼〉의 발랄하고 경쾌한 음악들을 무척 좋아했는데, 이듬해엔 서태지와 아이들의 〈이 밤이 깊어가지만〉을 들으며 눈물을 글썽였다. 왜 그런 걸까? 내밀한 이유는 심리학자에게 물어봐야겠지만 확실한 건, 슬픔은 예술의 원천이라는 점이다.

우리는 슬픔에 민감해지는 10대 시절에 '예술적 인간'이 되기 위한 각자의 방법을 찾아야 한다. 방법을 제대로 찾지 못하면 슬픔은 그대로 스트레스가 되고 폭력성으로 나타날 위험이 있다. 남자 중학교에서 거친 욕쟁이들만 모아놓았다는 상담 교실을 방문할 때면 담당자에게 종종 이런 말을 듣는다. 이들이 떠들썩한 분위기의 랩을 좋아할 거라는. 하지만 의외로 그런 랩보다는 슬픈 노래에 푹 빠져 있는 학생들이 더 많다. 이야기를 잠깐 나눠보면 머릿속에 그려진다. 어두컴컴한 노래방 소파에 파묻혀 슬픔을 증폭하려는 것처럼 노래하는 서글픈 모습이.

슬픈 노래는 슬픔에 더 깊이 빠지기 위해 존재하는 것이 아니다. 슬픔 자체는 그냥 스트레스다. 고여 있는 슬픔에 리듬과 멜로디라는 날개를 달아주면 자유롭게 날려 보낼 수 있으니 슬픈 노래가 필요한 것이다. 중요한 건 '어떤 음악을 듣느냐'보다 '같은 음악이라도 어떻게 듣느냐'다. 나는 바란다. 어른들이 10대들이 즐겨 듣는 대중음악에 귀 기울이고 서로 예술적 대화를 나누기를. 10대에게 밝은 메시지를 강요하기보다 그들의 슬픔을 이해하고 자유로운 인간이 되기 위해 무엇이 필요한지 함께 고민하기를.

대중음악은 '리듬 앤 블루스'와 '로큰롤'이 수면 위로 등장한 1950년대부터 10대들을 사로잡는 음악이 되었고, 그들에게 개성과 색깔을 부여해 기성세대와 분리될 것을 독려했다. 이후로 세대 구분을 넘어 '나는 너와 다름'을 강조하며 진화해 왔다. 하지만 '나는 달라야 한다'는 의식이 정도를 지나 선을 넘으면 필요 이상의 분열과 갈등을 부추길 수 있다. 랩 장르에선 더욱 그렇다.

생각해 보면 아날로그 시대에는 대중음악이 공동의 추억과 공감대를 만들기에 수월했다. 티격태격하는 가족이지만 집 안 턴테이블 전축에서 음악이 울릴 때는 같이 듣기도 하고, 라디오 방송국에 손글씨 엽서를 보내놓고는 밤마다 다른 이들의 신청곡과 사연에 귀를 기울였다. 라디오에서 나오는 음악을 틈틈이 녹음해 놓으면 학우들끼리 서로 카세트테이프를 빌려주며 돌려 들었다. 다른 세대 사이에서도 각자 어떤 가수를 선호하는지 정도는 잘 알고 있었다.

모두가 스마트폰을 하나씩 손에 쥐고 있게 되면서 대중음악을 둘러싼 상황은 완전히 달라졌다. 지금 우리는 스마트폰 하나로 '나 홀로' 마음껏 음악을 감상하는 대가로, 음악으로 단절되고 있다. 특히 랩 음악 애호가들의 댓글 창에는 날이 갈수록 남에게 모욕을 주려는 언사가 늘어났다.

랩의 매력이 누군가를 깎아내리는 '디스'(Diss, 존중을 뜻하는 respect의 반대말인 disrespect의 줄임말. 시빗거리가 생긴 누군가를 헐뜯으며 창피 주려고 하는 말과 행동)에서 발산된다고 여기는 상황에선 댓글도 공격적으

로 쓰게 된다. 고백하자면 나도 유행하는 어느 트로트 가요를 속으로 깎아내린 적이 있다. 그 노래를 듣고 심각했던 우울증이 나아 건강을 되찾았다는 사람의 글을 보고서야 비로소 디스를 거두고 내가 만든 힙합 구호를 되새겼다. 디스보다 피스.

지난 10여 년 동안 전국 곳곳에서 만난 청소년들에게 수천 곡의 음악을 추천받았다. 덕분에 1940년대 근대 가요부터 갓 데뷔한 신인 아이돌 음악, 우크라이나 민요까지 시대와 국경을 넘나들며 감상하게 되었다. 그중 음악적인 감흥뿐만 아니라 두루 생각할 거리를 준 곡들을 뽑아 글을 쓰기 시작했다.

이 책에서 소개할 음악은 각기 다른 취향을 가진 청소년들과 함께 듣기에 무난하며 교양을 넓힐 풍부한 소재를 갖추고 있다. 무엇보다 시간이 흐른 뒤에도 음악 구조와 창법이 유행에 영향을 받지 않으리라 확신이 드는 곡들이다. 장담하건대 '좋은 음악'들이다. 음악을 추천한 학생들에게도, 나에게도 다른 취향을 가진 타인과 격이 없이 소통할 기회와 능력을 주었기 때문이다.

이 책은 개인적으로는 청소년들과 호흡하며 성장한 나의 기록물이고, 독자들에게는 대중음악으로 소통하는 방법을 익히는 지침서가 될 것이다. 특히 청소년의 추천곡이 바탕이 된 만큼, 학생과의 소통에 어려움을 겪는 교사나 부모에게 대화의 길잡이 역할을 해줄 것이다. 그들의 마음을 이해하고 호흡하는 창구로 대중음악만 한 게 없다.

서로 도움을 주는 음악을 발견하려는 사람들이 많아진다면 밤거리에는 술 마시는 노래방 대신 잔잔한 별처럼 반짝이는 장소가 하나 둘 늘어나지 않을까? 나는 그런 '문화'에 일조하고 싶다.

 내일도 나는 학생들을 만나면 내가 쓴 짧은 랩 구절을 또박또박 읊어주고 부지런히 추천 음악을 받아볼 것이다.

우린 서로 다른 사연들을 지녔고
우린 서로 다른 노래들을 골랐어

우린 서로 닮은 사연들을 지녔고
우린 서로 닮은 노래들을 골랐어

chapter 1.
경험

세대를 뛰어넘어
음악으로 소통하기

"하고 싶은 만큼 계속해 보세요."

2011년 제주의 한 지역아동센터 사무실. 나에게 수업을 맡기고 싶다고 연락해 온 분을 만나 언제까지 하면 될지 물었더니 이런 답이 돌아왔다. 나는 순간 제대로 들은 게 맞나 싶어 내 귀를 의심했다. 그곳은 구세군에서 운영하는 아동복지시설로, 하고 싶은 만큼 해보라고 말해준 사람은 센터장을 맡고 있는 사관이었다. 소탈한 풍모의 사관은 내게 음악을 주제로 한 수업을 제안했다. 이후 나는 그곳에서 만난 중학교 1학년 학생이 고등학교를 졸업할 때까지 매주 '대중음악 감상 수업'을 이어가게 되었다.

당시 나는 폐목재 업사이클링 사업을 시작한 사회적기업에서 일하려고 서울에서 제주 중산간 마을로 덜컥 이주했다가, 반년 만에 그만두게 되었다. 7년 동안 몸담았던 직장을 나와 세계 곳곳을 여행하고 돌아와 (직업도 정착할 곳도 마땅치 않던 차에) 과감히 날아간 곳에서 너무나 빨리 실직자가 되어 실로 막막한 상황이었다.

나는 임시로 제주도의 비영리 중고품 가게에서 1톤 트럭을 운전해 기부 물품을 받으러 다니는 일을 했다. 그런데 얼마 후 그곳 활동가 한 분이 내가 잘할 수 있는 일일 거라며 지역아동센터에 나를 강사로 소개해 주었다. 기한이 정해진 것도 아니고 매주 참가하는 학생도 유동적이며 뚜렷한 결과물을 내야 하는 것도 아니었다. 모든 게 내가 하기에 달렸다. 어쩌다 맡게 된 수업이었지만 돌이켜 보면 내 삶을 새롭게 이끈 운명적인 전환점이 되었다.

음악을 경험한다는 것

지금도 생생하게 기억하는 첫 수업. 참여한 학생은 중학교 1학년 두 명이었다. 작은 공간에 나까지 달랑 셋이 모였는데, 두 학생은 열중쉬어 자세로 구석에 몰려 있었다. 내가 누군지도 모르는 데다 어색한 모양이었다. 나는 최대한 편안하게 대화를 이끌어가려 애썼다.

그런데 둘은 내가 심혈을 기울여 준비한 랩 음악에 별 관심이 없었다. 무거운 분위기에서 눈치를 살피며 수업하는데 진땀이 났다. 그때 깨달았다. 내가 먼저 학생들이 좋아하는 음악에 귀를 기울이고 그 음악을 소재로 수업을 준비해야 한다는 것을.

이후 대중음악 감상 수업은 자연스럽게 추천 음악을 받는 형식으로 바뀌었다. 수업을 준비해 나가며 나는 점점 더 큰 보람을 느끼게 되었다. 두 명으로 시작한 수업은 어느새 열 명 정도로 인원이 늘었고, 때론 초등학생도 참여하고 싶어 해서 스무 명 가까이 불어날 때도 있었다.

그때나 지금이나 내 수업의 목표는 하나다. 단 한 명도 소외되지 않는 교양 수업. 시무룩한 표정으로 말없이 구석에 앉아 있어도 상관없다. 집중하며 중간중간 눈빛만 반짝이면 된다. 간혹 분위기가 늘어질 때도 있었지만, 학생들이 추천한 음악을 소개하고 준비한 영상을 틀면 새로운 환경이 조성되어 목표한 대로 수업을 이끌어갈 수 있었다.

내 수업에 대한 아이들의 평가는 후했다. 지역아동센터에 등록하는 청소년 수의 급감으로 수업을 중단할 때까지 7년 동안 매주 아이들을 만났다. 내 수업이 긍정적인 시선을 받은 이유 중 하나는 그들이 노래 연습을 할 수 있도록 격려해 주었기 때문이다.

사실 많은 청소년들이 남들 앞에서 노래해 보고 싶어 한다. 자신이 느끼는 내면의 진짜 정체성을 다른 이들에게 알릴 수 있기 때문이다. 하지만 현실적으로 그런 기회를 얻기 어렵다. 가창력에 자신 있는 사람이 아닌 이상 선뜻 용기를 내기도 껄끄럽고, 잘못했다간 망신만 당할 수도 있으니 말이다. 그래서 나는 '오픈 마이크'라는 환대의 무대 방식을 수업에 접목했다. 오픈 마이크 무대에선 실력과 상관없이 신청자 모두에게 10분 정도의 시간이 주어지고, 관객은 무대에 선 사람이 자신의 감흥을 잘 전달할 수 있도록 귀를 기울인다. 무명의 공연자와 관객이 적극적으로 소통하는 자리다.

제주에 살 때 매달 두세 번씩 즐겨 찾던 라이브 클럽에서는 매주 목요일마다 오픈 마이크가 열렸다. 오픈 마이크에 참여하고 싶은 사람은 당일 밤 8시까지 신청하면 공연할 수 있었다. 겨우 세 명이 모인 날도 있었지만, 스무 명 넘는 인원이 찾아와 끊임없이 무대가 이어질 때도 있었다.

무대에 선 사람들의 실력은 천차만별이다. 실력이 뛰어난 공연자는 큰 박수와 환호를 끌어내기도 하지만, 어떤 경우에도 과장된 환호는 없다. 공연자의 실력이 다소 미흡하더라도 관객은 관심을 기울이고 지그시 바라보며 자리를 즐긴다. 음악을 향한 애정만 그대로 전달된다면 서툰 연주와 노래라도 즐거움을 안겨주기 때문이다. 이것을 나는 '음악을 경험한다'고 표현하고 싶다. 음악은 소리의 구성뿐만 아니라, 사람을 통해 호흡하는 다양한 숨결로도 생생히 느끼게 되니까.

　감동은 정성에서 나온다. 서툴러도 정성을 들인 산물은 감동을 준다. 이렇게 소소한 재능을 나누려는 정서가 흔해져야 우리 주변에 작고 재미있는 모임들이 늘지 않을까. 작은 라이브 클럽에서 열리는 오픈 마이크처럼 말이다.

　소규모 공연장은 입장료를 내고 들어오는 손님이 열 명만 돼도 적은 인원이 아니다. 그만큼 관객 하나하나의 존재감이 크다. 공연장뿐만 아니라 동네 책방이나 마을 카페에서도 우리는 '나 하나의 존재감'을 즐길 수 있다. 나도 그런 경험을 누리고 있기에 각자의 존재감이 상대방에 대한 이해와 포용으로 확장될 수 있도록 신경 써서 수업을 준비한다. 교실을 문화 공간 삼아 청소년들에게 오픈 마이크 같은 무대를 마련해 주는 것도 그 일환이다.

　10대들에게 노래를 청해 듣다 보면 전혀 예상치 못한 곡을 만나기도 한다. 수업을 진행하던 어느 날이었다. 언제나처럼 노래 부를 사람을 찾는데 평소 유난히 말수가 적었던 한 고등학생이 손을 들고 약간 더듬거리며 말했다.

"이문세의 〈깊은 밤을 날아서〉 부를게요."

난 오직 그대 사랑하는 마음에

바보 같은 꿈꾸며

이룰 수 없는 저 꿈의 나라로

길을 잃고 헤매고 있어

그러나 우리들

날지도 못하고 울지만

사랑은 아름다운 꿈결처럼

고운 그대 손을 잡고 밤하늘을

날아서 궁전으로 갈 수도 있어 ✧

만약 지금까지 내가 보고 들은 모든 장면을 녹화한 영상이 있다면, 이 학생이 노래하던 순간을 소장하고 싶다. 음정과 박자가 그리 잘 어우러지진 않았지만 진지하게 열심히 노래하려는 의지만큼은 그대로 전달되었다. 노래가 끝나자 누가 먼저랄 것도 없이 모두 힘찬 박수를 보냈다. 그 자리에 있던 이들 중 이 노래를 아는 사람은 아무도 없었다. 나도 그때 처음 알았다. 1987년에 나온 노래를 30년이 지나서야 만나게 된 것이다.

노래할 무대가 필요한 이유

얼마 후 나는 그 학생에게 같은 노래를 청소년 카페에서 불러보면 어떻겠냐고 제안했다. 썩 잘하진 못해도 그에겐 사람들을 노래에 몰입시킬 만한 독특한 개성이 있었다. 때마침 알고 지내던 대안 교육 활동가가 학교 밖 청소년을 위한 문화 카페를 열었고, 나는 그곳에서 한 달에 한 번 청소년 오픈 마이크를 진행하던 참이었다.

짐작대로 오픈 마이크 무대에 오른 〈깊은 밤을 날아서〉는 그날따라 더 빛이 났다. 지금도 그때 사진을 꺼내 보면 당시의 현장감을 느낀다. 내성적인 청소년이 표현하는 순수함이 듣는 이들의 감성에 공명했던 순간을.

오픈 마이크를 기획하면서 정한 원칙은 순위를 매기거나 1등을 뽑지 않는다는 것이다. 즐거웠던 분위기가 순위 발표로 어그러지는 청소년 행사를 여러 번 목격해 왔기 때문이다. 그저 노래 자체가 삶의 선물이라는 느낌을 주고 싶었다. 대신 마무리에 약간의 긴장감을 주기 위해 선물 추첨 코너를 마련했다. 진행자와의 짧은 인터뷰부터 기념 촬영까지 한 시간이 넘지 않는 행사다.

3년 동안 스무 번 넘게 진행한 오픈 마이크에는 부모와 교육 담당자도 종종 찾아왔다. 어른들은 아는 노래를 만나면 반가워하고 모르는 노래를 들으면 새로워했다. 집에서 누군가 핸드폰으로 틀어놓으면 시끄럽다고 했을 수도, 카페에서 흘러나오면 자기 취향이 아니라며 외면했을 수도 있는 노래들이다.

나이가 들수록 모르는 음악에 흥미를 갖기 어렵다는 설이 있다. 평균 33세부터 더는 새로운 음악을 듣지 않는다는 흥미로운 연구 결과도 있다. 이 연구에 따르면 사람들은 20대를 지나면서 새로운 음악에 대한 호감이 점점 줄어든다.[1]

그래서인지 자신의 추억이 담긴 음악이 널리 사랑받던 시대를 그리워하며 새로운 음악의 시대를 못마땅해하는 모습은 인터넷 곳곳에서 흔하게 눈에 띈다. 얼마 전에는 트로트를 싫어하는 가까운 지인에게

청소년 오픈 마이크 행사를 알리는 포스터

오픈 마이크 무대에 선 참가자의 노래를 경청하는 관객들

미개인 취급을 받았다고 하소연하는 어느 트로트 애호가의 글을 발견했는데, 이런 댓글이 달려 있었다. "서태지와 아이들 등장 이후 가요들은 거의 소음에 가깝죠."

아이러니한 건 하소연한 이도 본인이 특정 트로트 가수를 싫어한다는 내용을 글에 언급했다는 점이다. 대중음악의 테두리 안에서 자신과 취향이 다르다는 이유로 상대를 공격하는 태도는 소통을 가로막는다.

나만 해도 학생들의 추천 음악을 챙겨 듣기 전까진 '요즘 애들이 듣는 음악은…'라는 식으로 대충 넘겨짚곤 했다. 속으로 '나 때는 말이야' 하며 괜히 혼자 우쭐해하기도 했고. 내 취향에 사로잡혀 누군가를 속단하고 다른 이를 배척하는 모습이 드러난 것이다.

막상 알고 보니 10대들이 듣는 음악은 종잡기 어려웠다. 인터넷으로 음악을 찾아 감상하는 비중이 높아지면서 시대와 국경을 넘나들며 콘텐츠를 접하는 아이들이 많아졌기 때문이다. 미처 알지 못했던 예전 음악을 재발견하는 재미도 쏠쏠하다. 30년 전의 이문세 노래가 지금 내게 찾아온 것처럼.

대중음악은 보통 세대를 구분 짓는 척도로 언급되기도 하지만, 여러 세대를 아우르는 작용도 한다. 2016년 예능프로 〈판타스틱 듀오〉에 출연한 중학생 김윤희가 60대 이문세의 예전 노래를 연달아 불렀을 때, 세대의 벽이 투명해지는 느낌을 받은 사람이 많았을 것이다. 시대를 넘나드는 서정 덕분이다.

마이클 잭슨의 〈Beat It〉은 30년이 넘었지만 여전히 10대들에게 강렬한 울림과 감동을 전한다. 애니메이션 〈겨울왕국〉이 한창일 때 강연차 방문했던 한 중학교에선 비틀즈의 〈Let It Be〉를 듣고 싶어 하는 학생이 〈겨울왕국〉의 주제가 〈Let It Go〉를 선택한 학생보다 많았다. 〈Let It Be〉가 당시의 최신 인기곡에 밀리지 않았다니 놀랍지 않은가.

10대라는 시절은 그렇다. 좋은 음악에 즉각 반응하는 감각을 지니고 있다. 좋은 음악은 감정을 승화시킨다. 분노를 도전적인 힘으로, 흥분을 정신적인 기쁨으로 변환시킨다. 그런 역할을 제대로 해내지 못하는 음악은 감정을 자극하기만 할 뿐 더 나은 단계로 나아가게 하진 못한다.

어떤 음악이 더 좋은 음악인지 판단하는 기준은 개인마다 다르지만, 서로 다른 시공간을 사는 이들에게 공통된 승화 경험을 선사하는 음악이 꽤 있다는 건 분명하다. 당장은 인기 순위에 이목이 쏠리는 대중음악이지만 세대와 시대를 폭넓게 끌어안는 곡들이 곳곳에 보물처럼 숨어 있다.

chapter 2.

화합

우리 곁의
재즈

전남 목포에서 배를 타고 두 시간 정도 항해하면 닿을 수 있는 학교가 있다. 신안군 장산도에 자리한 장산중학교. 나는 강의 전날 일찍 가서 민박집에 머물기로 했다. 처음 가는 곳은 강연 전후 시간을 내서 주변을 탐방하는 것이 나의 원칙이다.

장산도까지 가는 여정은 순탄치 않았다. 일정을 짜려고 보니 배 시간표도 제대로 읽기 어려웠다. 몇 시에 타고 어디에 내려야 하는지 도무지 알 수가 없어서 결국 학교에 전화해서 안내를 받았다. 그렇게 만반의 준비를 한다고 했건만 강연 전날 큰일을 치렀다. 목포에 도착해 목포항에서 승선권을 구매하려는데 아뿔싸! 신분증이 필요했던 것이다. 허둥지둥 사진으로 찍어둔 신분증 사본을 찾아 보여주고는 겨우 배에 올랐다.

한바탕 소란을 피운 탓이었을까. 여객선 2층에서 바라보는 오후의 망망대해는 낭만적이었다. 문득 프리스타일 랩을 남기고 싶어져 갑판으로 나가 셀카 모드로 영상을 찍기 시작했다.

장산까지 가는 동안 오후의 태양은 넘실대는 바다 위에 반사

실내로 돌아와서는 영상에 신나게 자막을 넣느라 시간 가는 줄 몰랐다. 얼마나 지났을까. 아차! 배는 어느새 장산도를 지나 다른 섬을 향해 가고 있었다. 안내 방송을 듣지 못할 정도로 정신을 빼앗긴 건가 싶어 기가 막혔다. 지도 앱으로 위치를 확인하니 항로 방향이 오리무중이었다. 사색이 된 얼굴로 여객선 직원을 찾아 물었더니, 다행히도 배는 장산도를 다시 한번 들른 다음 목포로 회항한다고 했다.

조마조마한 심정으로 항구에 도착하니 이미 해가 져 어슬어슬했다. 어두운 갯벌을 지나 도착한 민박집은 칠흑같이 어두웠다. 내가 묵을 방 한 칸 말고는 어디가 어딘지 분간하기 어려웠고 스산한 기운이 느껴져 빨리 해가 떴으면 하는 바람이었다. 그래도 경험상 강연 전에 뭔가 어려움이 있으면 강연은 오히려 잘 풀릴 때가 많았으니 좋은 쪽으로 생각의 방향을 돌리며 잠자리에 들었다.

다음 날 아침 눈을 뜨자 전날과는 완전히 다른 풍경이 펼쳐졌다. 귀곡산장처럼 으스스했던 민박집이 밝은 햇살 아래선 아담한 시골집이었다. 민박집 주인은 몸이 조금 불편한 분이었는데 나를 승용차에 태워 학교까지 바래다주며 모교에 오랜만에 와본다며 즐거워했다.

섬마을 학교에서 만난 재즈

전교생이 열두 명인 작은 학교. 이날은 한 명이 결석해 열한 명이 도서관에 모였다. 내 예감은 적중했다. 강연 시작을 알리는 프리스타일 랩도 술술 잘 풀렸고 학생들의 호응도 좋았다. 게다가 유난히 인상적인 추천곡도 있었다. 학생들이 적은 음악 목록에 1917년생 재즈 가수 '엘라 피츠제럴드'Ella Fitzgerald가 등장한 것이다. 작은 섬 학교에서 만난 재즈곡. 나는 그 곡을 써낸 학생에게 돌발 질문을 던졌다.

"재즈란 무엇인가요?"

그 학생은 멈칫 당황했지만 바로 '재즈 스캣'(뜻이 없는 소리에 리듬을 살려 즉흥으로 흥얼거리는 창법)으로 화답했다.

뚜두따라바바 뚜비뚜비뚜바바 ✧

아아! 그 어떤 설명도 필요 없는 재즈적인 대화였다. (학생의 재즈 스캣을 꼭 들어보길 바란다.) 함께 있던 학생들은 앞으로 평생 재즈란 말을 들으면 친구의 스캣을 떠올릴 것이다. 이 스캣은 내 머릿속에도 전 세계 내로라하는 유명 재즈 스캣을 모두 밀치고 1순위로 자리 잡았다.

시골 학교 교사 중에는 이곳 학생들이 도시 아이들과 달리 음악을 잘 모를 거라고 얘기하는 분도 있다. 그런데 전국을 다녀보니 어디에 살든 청소년들의 음악 취향은 다채로웠다. 내가 학생들에게서 받은 추천 음악 목록을 담당 교사에게 보여주면 깜짝 놀란다.

청소년들은 온라인을 기반으로 온갖 음악을 찾아 듣고, 자신에게 와닿은 음악과 별 흥미를 주지 못한 음악을 구분해 기억한다. 작은 시골 마을에 있다고 음악적 안테나 성능이 떨어진다고 말할 수 없는 이유다.

예전에는 서울 한복판의 인지도 높은 학교에 초청받으면 학생들에게 더 폭넓은 음악을 추천받을 거라 기대하기도 했지만, 이제는 그렇지 않다. 오히려 찾아가기 쉽지 않은 한적한 시골 마을의 학교를 찾을 때 어떤 음악을 만나게 될지 더 궁금하고 설렌다.

가요 속의 재즈

재즈라는 이름을 내가 처음 인식한 건 1991년 신해철의 노래 〈재즈 카페〉에서였다. 이후 1994년 드라마 〈사랑을 그대 품안에〉에서 배우 차인표가 재즈 밴드 연주자들과 어울려 색소폰을 연주하는 장면이 큰 화제였을 때도 기억에 남는다. 아득한 공간에 울려 퍼지는 고독한 멜로디는 시청자들의 눈과 귀를 강타했고 전국 곳곳에 재즈가 붙은 상호들이 늘어났다.

당시엔 재즈 음악보다 드라마 속 장면처럼 뭔가 아득한 느낌의 선율이 어울리는 분위기를 재즈로 여겼던 듯하다. 차인표가 연주한 곡이 〈Black Orpheus〉라는 걸 아는 사람은 거의 없었다. 매장에서 음악을 유행가 위주로 틀면서도 "우리 가게는 재즈 카페입니다."라고 소개하는 주인장도 있었으니 말이다.

재즈는 오랫동안 세계인의 사랑을 독차지한 흥겹고 재미난 대중음악이다. 가수 박진영은 2001년 스윙 재즈로 신나는 노래를 만들고 춤을 춰서 큰 인기를 얻었다.

원래 재즈는 미국 뉴올리언스 지역의 아프리카계 미국인들이 주도적으로 만든 음악이다. 그곳에는 해군기지가 있어서 군악대가 행진곡 연주에 사용한 트럼펫, 코넷, 튜바, 클라리넷 같은 악기가 흔했다고 한다. 군악대의 행진곡과 아프리카에서 비롯한 리듬의 운명적인 만남은 재즈가 되었고 이후 세계 곳곳의 후미진 골목에서, 흑백영화에서, 내가 어릴 때 즐겨 본 〈톰과 제리〉 같은 만화영화에서도 재즈가 흘렀다. 그러고 보니 1960년대에 나온 〈아빠의 청춘〉도 재즈풍이다.

　요즘 노래 중에서도 재즈의 요소가 뚜렷한 곡을 종종 발견한다. 2016년 악동뮤지션의 〈새삼스럽게 왜〉, 2017년 헤이즈의 〈비도 오고 그래서〉, 2020년 NCT U의 〈Dancing In The Rain〉. 셋 다 끊어질 듯 이어지는 선율에 손가락을 튕기며 듣게 되는 매력이 있다. 가끔 학생들에게 이런 특징을 지닌 음악이 무슨 장르인지 물어보면 몇몇은 단박에 재즈라고 답한다. 그만큼 재즈는 모든 세대를 아우르는 음악이라 알아차리기도 쉽다.

　2019년부터 새로운 열풍을 불러낸 '트로트' 가요도 재즈와 연관이 깊다. 트로트Trot는 영어로 총총걸음을 뜻한다. 미국에서 폭스트롯Fox Trot이라 불리는 사교댄스가 유행할 무렵 이 곡의 4분의 4박자 리듬이 일제강점기 때 우리나라에 전해졌고, 지금 우리가 듣는 트로트의 기원이 되었다.

　사실 이 음악의 장르를 정확히 따지면 폭스트롯이 아니라 재즈와 래그타임이다. 재즈가 출현하기 직전 아프리카계 미국인들은 래그타임Ragtime이라는 연주곡을 만들어 백인 사회에 유행시켰다. 그리고 이 음악에 맞춰 춤을 추던 발동작이 응용되어 폭스트롯이라는 사교댄스가 나왔다. 즉 폭스트롯은 재즈나 래그타임 음악에 맞춰 추는 춤이었다. 이 리듬이 일본의 민요와 결합하면서 '엔카'라는 새로운 대중음악이 나왔고, 우리나라에서는 트로트로 재탄생한 것이다.

　이렇게 된 배경을 알면 더 흥미롭다. 엔카를 창시한 사람은 유년기와 청소년기를 서울과 인천에서 보낸 '고가 마사오'로 알려져 있다. 그는 큰형이 운영하는 가게에서 매일 한국 민요를 들었다고 회고한다. 유소년 시절은 그야말로 음악적 감수성이 뛰어난 시기 아닌가. 그의 음악에는 처음부터 한국적 요소가 풍부할 수밖에 없었다.

    1969년, 작곡가 박시춘은 그에게 감사패를 선물했다. 한국 고유의 가락을 그의 음악에 조화롭게 접목했다는 이유에서였다. 나에게 가장 흥미로운 사실은 그 화합의 바탕에 아프리카계 미국인들의 리듬이 있었다는 배경이다. 그 리듬이 없었다면 엔카도 트로트도 태어나지 못했을 테니까.

    재즈의 전성기 이후 미국의 대중음악은 재즈의 자유분방함과 실험 정신을 이어가며 가히 폭발적으로 진화했다. 1940년대에는 리듬 앤 블루스Rhythm and Blues와 로큰롤Rock&Roll이 탄생했고, 1950~1960년대에는 소울Soul, 훵크Funk, 디스코Disco가 출현했다. 1970년대에는 뉴욕 브롱크스의 청년 디제이가 소울과 훵크 곡의 드럼 연주 구간을 이어 붙여 재생하면서 힙합Hip Hop이란 문화현상을 발현시켰고, 그 과정에서 발화된 랩은 음악 산업에서 장르화되었다.

    재즈는 쉽고 빠르게 국경과 민족, 시대적 상황을 넘어 폭넓게 퍼져 나갔다. 브라질에서 재즈는 삼바Samba와 만나 보사노바BossaNova를 낳았다. 또 섬나라 자메이카 뮤지션들은 재즈를 흡수해 스카Ska와 레게Reggae를 탄생시켰다. 우리가 즐겨 듣는 가요 곳곳에 재즈의 숨결이 깃들어 있을 수밖에 없는 이유다.

우리 동네에 재즈 클럽을

재즈에 관심을 기울이기 시작하면 누구나 대중음악의 예술적 면모와 역사에 대해서도 관심이 깊어지기 마련이다. 요새는 재즈 음악 전공자들이 많아져서인지 수도권을 중심으로 소규모 재즈 라이브 클럽이 부쩍 늘어났다.

나는 한 달에 한 번 정도 재즈 라이브 클럽을 찾는다. 운 좋게 지금 사는 동네에서 멀지 않은 곳에 재즈 라이브 클럽이 있다(경기도 안산이다). 여기서는 놀랍게도 주말마다 쉬지 않고 재즈 공연이 이어지고 매달 한 번씩 장르와 상관없이 오픈 마이크 무대가 열린다. 몇 번 찾아가 인사를 나누고 무대에서 프리스타일 랩을 했더니 어느새 클럽 대표와 라면을 나눠 먹는 사이가 되었다.

안산은 다양한 국적의 사람들이 거주하는 지역이라서 언제부터인가 자연스럽게 다문화 공간으로 자리 잡았다. 말레이시아에서 공부하러 온 유학생부터 동유럽 어느 나라에서 온 사람까지 여러 사람들이 찾아온다. 최근에는 스코틀랜드 출신의 영어 강사가 오픈 마이크에서 최백호의 노래를 불러 큰 감흥을 주었다. 집에서 30분 거리에 이런 곳이 있다니 얼마나 행운인가.

하루는 이 행운을 자랑하고 싶어 클럽까지 걸어가는 내내 라이브 방송을 켜놓고 쉴 새 없이 프리스타일 랩을 했다. 목적지에 거의 다다르자 온갖 네온사인 간판들이 내뿜는 형형색색의 조명에 눈이 부셨다. 재즈 라이브 클럽의 앞쪽은 탁 트인 공원이지만 뒤쪽은 온통 술 마시는 노래방 같은 유흥업소로 휘황찬란하다.

평온한 분위기로 가득한 가족 공원과 술과 노래로 흥청대는 유흥업소는 마치 도시의 두 얼굴 같다. 부디 이 라이브 클럽이 유흥업소들의 기세에 밀려 사라지지 않기를. 작은 섬 학교에서 엘라 피츠제럴드 노래 〈Misty〉를 적은 학생이 훗날 정착할 동네에도 이런 재즈 클럽이 가까이 있기를 바란다.

Look at me,
날 좀 보세요
I'm as helpless as a kitten up a tree
속수무책이랍니다, 나무 위 새끼 고양이 마냥
And I feel like I'm clingin' to a cloud
구름에 매달린 기분이에요
I can't understand
저도 이해할 수 없죠
I get misty, just holding your hand
눈앞이 아른거려요, 당신의 손만 잡아도
Walk my way
길을 걷는데
And a thousand violins begin to play ✦
천 개의 바이올린이 연주를 시작하네요

화합 - 우리 곁의 재즈

chapter 3.
용기

싱어송라이터가
　　　우리에게 하는 말

목포의 바다 색깔만큼이나 진한 기억을 남긴 장산도. 고즈넉하고 꾸밈없는 섬의 분위기도 그렇지만 그곳 학생들과 함께한 시간은 두고두고 마음에 남을 듯하다. 그날 학생들이 써낸 추천곡 포스트잇 중에는 오직 한 사람의 노래만 적혀 있는 것도 있었다. 무려 열다섯 곡이나.

〈홍연〉〈별, 그대, 별〉〈빛이라〉〈Loop〉〈피루엣〉〈상사화〉〈어쩌다 보니〉〈배〉〈파아란〉〈스티커〉〈이방인〉〈창귀〉〈능소화〉〈백유화〉〈달그림자〉

싱어송라이터 안예은의 노래들이다. 마치 어느 영화감독의 필모그래피처럼 보이는 노래 제목들이 어떻게 중학생의 마음에 가닿았을까. 심지어 제목마다 앞에 '안예은'을 꼬박꼬박 붙여서 열다섯 번이나 반복해 썼다. 어딜 가도 안예은을 열렬히 좋아하는 청소년 팬은 꼭 있다. 발표한 노래가 150곡이 넘어서인지 저마다 노래도 다양하게 적어 낸다.

나는 안예은을 2016년에 처음 알게 되었다. 한 중학생에게서 받은 추천곡 덕분이다. 〈홍연〉을 찾아 듣고 홀린 듯 그 자리에서 그의 노래들을 연이어 들었다. 제목도 예사롭지 않은 데다 타령에 가까운 창법도 특이한데, 작사·작곡·편곡을 혼자 다 하는 싱어송라이터라니 놀라웠다. 무엇보다 이런 창법을 좋아하는 10대들이 많다는 건 새로운 발견이었다.

대중음악계에서 자주 듣는 '싱어송라이터'singer song-writer는 직접 노래를 만들어 부르는 사람을 지칭한다. 어떤 학생은 거의 무의식적인 끌림으로 싱어송라이터의 노래를 선호하는 성향을 보인다. 아마도 싱어송라이터처럼 자신만의 이야기를 노래로 만들어 표현하고 싶은 예술적 욕구가 잠재해 있기 때문일 것이다.

이름이 장르가 된 싱어송라이터

안예은의 노래를 듣자마자 그가 궁금해졌다. 팬들에게서 '음악 장르 자체가 안예은'으로 추앙받을 정도로 자신만의 색채가 뚜렷한 그의 흔적을 더듬어보았다.

검색창에서 눈에 띄는 기사는 그가 매달 새 책을 대량 구매한다는 내용의 인터뷰였다. 누구보다 한국의 정서를 멋들어지게 표현하는 안예은이 가장 선호하는 장르는 의외로 SF소설이었다.

"제가 책을 읽는 이유 중 하나는 못 가본 나라나 경험하지 못했던 일을 경험하기 위함인데, SF는 더더욱 경험하지 못하는 세계들이잖나. 상상을 하는 게 즐거워서 읽는다."[2]

나는 SF소설에 문외한이라서 눈만 끔적이며 기사를 읽다가 반가운 이름을 발견했다. 프랑켄슈타인! 어릴 적 무척 좋아했던 만화 캐릭터다. 읽어본 적은 없지만 소설 『프랑켄슈타인』이 영문학 SF의 효시로 일컬어지고 있으며, 놀랍게도 여성이 쓴 작품이라는 건 얼핏 알고 있었다. 안예은도 이 소설의 작가가 으레 남성이려니 생각했는데 여성이라서 충격을 받았다고 한다.

그는 정세랑, 대프니 듀 모리에, 세라 워터스를 그동안 탐독한 여성 소설가로 꼽는다. 나에겐 모두 생소한 이름이지만 가사를 쓸 때 자신이 읽은 책은 무조건 도움이 됐다는 그의 말에 혹해 메모장에 적어두었다.

독서 취향은 딴판이지만, 그와 나는 공통점이 있다. 책을 읽다가 처음 보는 단어가 나오면 다 적어놓는다는 것이다. 나는 프리스타일 랩에 사용할 어휘를 늘리기 위해 메모를 하는데, 한술 더 떠 처음 보는 단어엔 몇 가지 라임까지 만들어 적는다. 그러니 책을 빨리 읽을 수가 없다. 이런 나와 잘 맞는 독서 모임이 있다면 한번 참석해 보고 싶은데 '안예은의 책장'을 주제로 하는 독서 모임은 없나? 언젠가 학교 도서관에서 이런 시간을 마련하면 좋겠다는 생각이 든다. 사서 교사와 학생이 함께 노래도 부르고.

독서광인 안예은은 나이 들면 책만 읽다가 죽는 게 꿈이라고 천연덕스럽게 얘기하지만, 놀라운 건 그가 선천성 심장 기형으로 네 살 때부터 수술을 다섯 번이나 받았다는 사실이다. 성인이 될 때까지 살 확률이 30퍼센트 정도밖에 안 된다는 병을 안고 살았다니, 그 심정이 어땠을까. 안예은이 고등학교 3학년이 되었을 때는 같은 병을 가진 아이들을 둔 부모들이 병원에서 그를 보고, 자식들도 저 나이까지 건강할 수 있을 거라며 희망을 품었다고 한다.

2021년, 서른 살을 맞이한 그는 자신에게 제2의 고향과 다름없다는 병원을 찾아가 천만 원을 기부했다. 심장병 환자들을 위한 기금이었다. 그리고 바로 그해 싱글로 발매한 〈문어의 꿈〉은 대한민국 어린이들의 마음을 단박에 사로잡았다.

> 단풍놀이 구경 가면 나는 노란색 문어
> 커피 한 잔 마셔주면 나는 진갈색 문어
> 주근깨의 꼬마와 놀면 나는 점박이 문어

밤하늘을 날아가면 나는

오색찬란한 문어가 되는 거

야 아야아 아야 야 아야아 아야

깊은 바닷속은 너무 외로워

춥고 어둡고 차갑고 때로는 무섭기도

해 애애애 애애 야 아야아 아야

그래서 나는 매일 꿈을 꿔 이곳은

야 아야아 아야 야 아야아 아야

깊은 바닷속은 너무 외로워

춥고 어둡고 차갑고 때로는 무섭기도

해 애애애 애애 야 아야아 아야

그래서 나는 매일 꿈을 꿔

이곳은 참 우울해 ✦

    마침 그즈음 나는 다큐멘터리 영화 〈나의 문어 선생님〉을 감명 깊게 보았던 터라 이 노래가 마음속 깊숙이 와닿았다. 이 영화는 남아프리카공화국의 어느 바닷가에서 프리다이빙을 하던 감독이 우연히 마주친 문어를 1년 동안 관찰하며 교감한 내용을 담았다.

    문어는 혼자 태어나 혼자 알을 낳고 혼자 죽음을 맞이해야 하는 고독한 운명을 타고난 동물이다. 다른 문어와 가까이 있으면 스트레스를 받는 등 성격이 매우 까다로워서 양식도 할 수 없다. 그런 문어가 놀랍게도 자신을 관찰하러 바다 밑에 수시로 내려오는 감독을 알아본다. 발을 길게 뻗어 감독의 손가락을 감싸기도 하고, 춤을 추듯

장난치는 행동을 하기도 한다.

우리는 문어에 대해 모르는 게 너무 많다. 최근 스페인의 한 수산업체가 100만 마리 규모의 문어 양식장을 만들 수 있다고 공표하자 문어를 연구하는 학자들이 입을 모아 문어 양식을 반대한 일이 있었다. 문어는 혼자 살아야 하는 동물일뿐더러 수족관을 탈출할 방법을 궁리할 정도로 지능적이라 좁은 곳에 가둬 기를 만한 동물이 아니라는 이유에서다.

나는 꽤 오래전부터 날마다 동물복지 연관 뉴스를 살펴보고 있는데, 이 영화가 공개된 이후에 유독 문어의 놀라운 능력을 새롭게 규명했다는 과학 기사가 자주 눈에 띄었다. 과학자들은 문어의 뇌 게놈이 인간의 두뇌와 유사한 점이 있어 풍부한 '지각 능력'을 발휘한다고 설명했다.

지각 능력을 정확히 무엇이라고 설명해야 할까. 나는 즐거운 일과 괴로운 일을 자신만의 경험으로 축적할 수 있는 능력으로 정의한다. 외부 자극에 대한 단순 반응과는 다른 것이다. 지각 능력이 충분하다고 증명되는 동물은 동물복지법의 대상이 될 자격을 얻는다.

2021년 영국 정부는 과학적 근거에 따라 문어와 오징어 같은 두족류와 바닷가재 같은 십각류가 포함된 동물복지법을 발의했다. 문어는 도구를 사용하고 계획을 세우는 생물이다. 해양 생물학자 데이비드 스킬은 문어가 잠꼬대를 한다고도 주장한다. 그가 촬영한 잠든 문어 영상을 보면 유리 벽에 붙어 있는 문어의 색이 수시로 회색, 하얀색, 노란색, 얼룩무늬로 변한다. 심지어 머리 모양이 돌처럼 울퉁불퉁해질 때도 있다.

〈문어의 꿈〉은 이 신기하고 놀라운 영상을 보고 안예은이 만든 노래다. 한창 3집 음반 작업에 빠져 있을 때 그는 밤늦게까지 잠들지 못하고 피곤에 지쳐 있었는데, 그런 자신의 처지에 불현듯 화가 났다고 한다. 그때 마침 문어가 자는 모습을 다룬 다큐멘터리를 보았고, 저렇게 똑똑한 문어가 바닷속에서 답답하게 사는 현실이 남 일 같지 않다고 느꼈다.

곧바로 그는 문어의 잠꼬대를 소재로 자신의 깊은 한탄을 글로 적어 내려갔다. 어린이를 고려해서 지은 노랫말이 아니라 슬픔과 분노에 찬 자신의 감정을 빗대어 쓴 가사였다.

"제 노래 중 이 곡이 가장 우울하다고 생각했어요. 그런데 초등학생들이 좋아할 줄은 꿈에도 몰랐어요."[3]

이 말을 듣고 〈문어의 꿈〉에 다시 귀를 기울이니 그의 목소리가 슬픔을 벗어나기 위해 용기를 불어넣는 외침으로 들리기도 한다. 그래서인지 이 노래는 어른을 위한 동요인 듯도 싶다. 이를 증명하듯 이 노래의 영상 댓글엔 아이의 반응과 어른의 감상평이 사이좋게 남겨져 있다.

"4살 아이가 이 노래 참 좋아하네요. 잘 따라 부르고 신기신기."

"43살 아기가 이걸 듣고 눈물이 나왔습니다."

블루스는 오래된 민요

2021년 어린이날에 안예은의 기획사는 '천하제일 문어 그리기 대회'를 개최했다. 그러자 전국 각지에서 손으로 그린 별의별 문어들이 모여들었다. 그 문어들은 안예은의 라이브 영상 〈천하제일문어의꿈〉 배경에서 유유히 헤엄치고 있다.

   이 영상에는 아주 특별한 점이 있다. 건반을 치며 노래하던 안예은이 중간에 악보를 잊어버렸는지 순간 멈칫하는 장면이 나온다. 보통의 경우라면 다시 찍었을 법한데, 고개를 갸우뚱거리며 더듬더듬 화음을 찾는 모습을 그대로 담았다. 이런 모습은 재즈의 즉흥 연주처럼 예측할 수 없는 긴장감을 주는 묘미가 있다. 대중음악의 본질은 악보의 음표에 있지 않다는 걸 보여주는 명장면이다. 서툴더라도 몰입하는 표현 자체가 예술이 된다. 발표할 때 절대 틀리면 안 된다는 불안감을 호소하는 이들에게 나는 이 영상을 추천한다. 실수 자체도 매력적인 과정이 된다는 걸 이해할 수 있으니까. 실수 좀 하면 어떤가.

   이젠 뽀로로도, 어린이 합창단도, 유치원 아이들도 저마다의 목소리로 〈문어의 꿈〉을 부른다. 이 노래는 명실공히 대한민국 대표 동요가 되었다. 그러나 사실 이 곡은 동요보다 블루스에 가까운 작품이다. 일상의 자질구레한 일들을 선율과 장단에 실으면 울적한 감정도 흥으로 승화되는 블루스의 마법이 고스란히 담겨 있다. 이 노래를 듣고 있자면 각양각색의 꿈을 꾸며 재밌게 살자는 마음이 절로 든다.

블루스는 현대 대중음악의 뿌리이자 근간이다. 블루스에는 아프리카계 미국인들의 토속성이라는 정서가 깃들어 있어서 전 세계 곳곳의 오래된 민요와도 닮은 꼴이다. 재즈 가수 나윤선은 프랑스에서 공연할 때 재즈로 편곡한 〈강원도 아리랑〉을 '코리안 블루스'라고 소개했다. 그런 점에서 타령과 비슷한 창법을 구사하는 〈문어의 꿈〉은 그야말로 한국에서만 탄생할 수 있는 절묘한 동요 블루스가 아닌가 싶다.

블루스 음악은 대개 일상의 경험을 조곤조곤 풀어내는 느슨한 노랫말을 담고 있다. 여러모로 〈아리랑〉과 비슷하다. 선율에 울적함이 배어 있으면서도 어깨가 들썩이는 흥을 지니고 있어서다.

현대 대중음악사에서 가장 중요한 시기는 미국에서 링컨 대통령이 노예해방선언을 발표하고 남북전쟁이 끝난 1860년대부터 20세기로 접어드는 1900년 사이다. 노예들이 불렀던 영가와 노동요가 이 시기에 '블루스'와 '가스펠'이라는 새로운 모습으로 거듭났기 때문이다.

역사적으로 해석하면 블루스는 한 맺힌 역사를 견뎌낸 아프리카인들 특유의 정서가 담긴 한과 흥의 음악이자 형식인 듯하다. 한편 가스펠은 영가의 블루스 버전으로 보면 된다. 음악적인 형식은 블루스와 같지만 분위기는 완전히 다르다. 가스펠은 일상 이야기가 아니라 신에 대한 찬양과 종교적인 환희를 위해 부른다.

미국 남북전쟁 이후 노예제도에서 벗어난 이들은 교묘하고 잔혹한 인종차별에 시달리면서도 주체성을 찾기 위해 예전보다 더 자주 연주하고 노래했다. 특히 아프리카의 후손들만 다니는 교회에서는 활력 있는 리듬, 충만한 감정이 느껴지는 노래와 춤이 종교의식의 핵심이었다. 오랫동안 억눌려 있던 그들의 예술성이 활활 타오르기 시작했다. 이런 흐름 속에서 노동요와 영가는 다른 음악으로 진화하게 된다. 블루스와 가스펠로 말이다.

그러니 대중음악은 어쩌면 현대인에게 '힘내!'라고 용기를 북돋우는 노동요이자 '너무 걱정하지 마'라고 위로하는 영가일지도 모르겠다. 10대들에게 블루스에 얽힌 오래된 얘기를 들려주면 자세는 흐트러져 있어도 눈은 반짝반짝 빛난다. 그들이 즐겨 듣는 음악 안에서 이미 블루스가 수없이 말을 건네 왔기 때문이다.

누군가 내게 케이팝을 상징하는 뮤지션을 추천해 달라면 안예은을 소개하고 싶다. 일부러 국악을 접목한 음악이 아닌데도 이만큼 한국만의 정서를 뚜렷하게 발현하고 대중적으로 널리 사랑받는 이가 또 누가 있을까. (그의 노래 〈출항〉은 베트남의 최대 음원 스트리밍 사이트 '냑꾸어뚜이'에서 1위를 차지한 적이 있다.)

chapter 4. 자연

리듬을 타자

풍경 하나. 공개방송 현장에서

제주 탑동 야외무대에서 한 대형 방송사가 주최한 공개방송이 있던 날이었다. 곧바로 방송에 송출되는 무대라서 스태프들은 바싹 긴장 상태였다. 가수가 등장하자마자 한 스태프가 관객들에게 가까이 다가와 "여러분 박수 치세요."라며 연달아 활기차게 손뼉을 치라고 종용했다.

풍경 둘. 학교 강당에서

무대에 오른 학생이 차분하게 노래를 시작하고 얼마 지나지 않아 "얘들아, 박수 쳐!"라며 응원단장 역할을 자처하는 학생이 나타났다. 그는 손가락 끝을 반듯하게 맞부딪치는 시연까지 마다하지 않았다.

음악이란 무엇일까? 노래방에서 목이 터져라 노래하기를 즐기는 청소년들도 이 질문에는 쩔쩔매고 난감해한다. 나는 음악을 '리듬과 멜로디'라고 표현한다. 짧은 리듬과 멜로디만 반복해도 그럴싸한 음악이 완성되기 때문이다. 리듬은 약하거나 강하게 또는 짧거나 길게 규칙적으로 두드리는 장단이고, 멜로디는 '도 미 솔 파 미 레 도'처럼 음의 높낮이가 만들어내는 흐름, 즉 가락이나 선율이다.

리듬과 멜로디 중 어느 쪽이 더 음악의 근간에 가까운지 묻는다면 리듬이다. 멜로디 없는 음악은 있지만 리듬이 없는 음악은 없다. 클래식 음악의 리듬은 지휘자의 손짓으로 나타난다. 곡마다 다르겠지만 변화무쌍하기 이를 데 없는 경우가 많다. 그에 비해 대중음악은 대개

4분의 4박자 곡이라 어렵지 않게 리듬을 즐길 수 있다.

그렇다고 방심해선 안 된다. 어느 정도까지 밀고 당기는지에 따라 분위기가 달라지고 장르가 달라지는 게 대중음악의 리듬이다. 그걸 온몸으로 흡수해야만 다양한 곡들을 머리가 아닌 심장으로 이해할 수 있다. 한마디로 리듬을 타야 한다. 대중음악은 장르마다 특징이 조금씩 달라서 그 차이를 느끼는 것이 중요하다.

앞에 묘사한 장면처럼 노래가 나오면 손가락을 반듯하게 펴고 짝짝짝 손뼉부터 치려는 사람이 많은데, 이렇게 하면 리듬을 타기 어렵다. 음악이 들리면 먼저 연주자들처럼 발로 박자를 맞추거나, 무릎이나 팔꿈치에 손을 얹고 가볍게 손가락을 두드리며 속도를 재야 한다. 고개는 저절로 흔들리듯 움직인다. 이렇게 하면 강약이 반복되는 리듬의 강세를 느낄 수 있다.

리듬이 강한 부분에서는 자연스레 몸이 좀 더 탄력적으로 반응한다. 그렇게 리듬을 타다가 손뼉을 치고 싶으면 리듬에 어울리는 방법으로 치면 된다. 중요한 건 박수도 하나의 연주라는 것! 음악과 어울려야 감흥이 더해진다. 다짜고짜 박수를 강요하는 분위기에서 엉겁결에 따라 하다 보면, 누가 노래만 시작해도 손뼉부터 치려는 습관이 고착된다(나는 보통 손가락 끝으로 무릎을 두드리며 고개를 끄덕이는 정도로 박수를 대신한다).

음악을 들을 때는 박수도 리듬에 어울리게 '연주'해야 한다. 발 박자에 맞춰 리듬을 흡수하지 않은 상태로 무작정 4박자 박수를 짝짝짝 치기 시작하면 어떨까? 결국 분위기 띄우는 노래만 살아남는다. 물론 때로 그렇게 해서 즐거운 분위기를 만드는 것도 좋지만, 무작정 "자,

들어간다. 하나 둘 셋 넷!"을 외치며 들뜨는 분위기부터 조성하려는 태도는 주의해야 한다. 노래로 분위기 띄우는 경험이 쌓이면 음악을 일상에 접목하기 어려워진다. 또 노래를 음주 가무 방식으로만 즐기려는 습관이 생길 수도 있다. 나는 SNS에서 고등학교를 갓 졸업한 청년들이 술병이 즐비한 어두컴컴한 곳에서 고래고래 노래 부르는 사진을 올릴 때마다 걱정이 앞선다. 일상에서 음악을 즐기고 싶은 욕구가 저런 방식으로만 고착되지 않을까.

리듬은 자연스럽게

이런 이야기를 할 때면 제일 먼저 떠오르는 곡이 있다. 악뮤AKMU의 〈고래〉다. 이 노래를 부르거나 들을 때면 차분하지만 힘 있게 흔들리는 파도처럼 리듬을 타야 자연스럽다. 둘째·넷째 박에 박수를 치거나 손가락을 튕길 수 있긴 한데, 밀고 당기는 정교한 감각이 필요해서 자칫하면 움찔거리며 춤추는 듯한 몸짓이 나오게 된다.

이 곡은 2019년을 마무리할 즈음 강원도 강릉 하슬라중학교에서 처음 만났다. 한 학생이 나비 모양 메모지에 정성스레 적은 추천 음악이다. 〈라면인건가〉〈사람들이 움직이는 게〉〈그때 그 아이들은〉〈시간과 낙엽〉 등 그동안 악뮤의 노래들은 어딜 가든 청소년의 추천곡리스트에서 빠지지 않았다. 마침 그해에는 〈어떻게 이별까지 사랑하겠어, 널 사랑하는 거지〉라는 애잔한 곡이 방방곡곡 청소년들의 심금을 울리고 있던 차였다. 그 와중에 만난 〈고래〉라는 노래는 조금 낯설었다. 간결한 제목은 앞서 들은 악뮤 노래의 긴 문장형 제목과 대비되어 어색해 보이기까지 했다.

그런데 고개를 갸우뚱하며 노래를 찾아 듣는 순간, 나는 숨죽이며 감탄했다. 마치 야생 고래를 촬영한 자연 다큐멘터리 장면에 빠져드는 느낌이었다.

나는 고래가 등장하는 노래에 관심이 많다. 2004년 11월, 울산 MBC가 장장 1년간 1만 7천 킬로미터 바닷길을 추적해 국내 방송 최초로 한국계 귀신고래 촬영에 성공했다는 소식을 듣고부터다. 그 고래는 러시아 필툰만에서 발견되었는데 우리나라 바다에서는 1977년 이후 자취를 감추었다고 했다. 당시 나는 사회적기업 활동가로 일하며 주말마다 거리에서 랩 공연을 하던 중이어서, 같이 공연하던 멤버들에게 고래 보호를 주제로 한 곡을 만들면 어떻겠냐고 제안했다. 한국은 1991년 법률에서 포경어업 자체를 삭제하며 고래잡이를 금지했지만 암암리에 거래되는 고래 고기가 있었다.

고래는 흔히 바다의 깃대종이라 불린다. 해양생태계의 건강성을 나타내는 척도라는 의미다. 하지만 개체수가 급감해 멸종에 취약하니 이런 내용을 알리면 좋겠다는 생각이었다. 나는 동료들과 머리를 맞대고 곡을 구상했다. 시작하는 부분에 고래의 아련한 노랫소리를 집어넣고 웅장한 화음으로 박진감 있게 시작하기로 했다. 제목은 〈고래의 노래〉.

전설의 푸른 심장이 뛰고 있어

그대의 가슴 깊이 파동치는 동해의 물결

거대한 몸집에 커다란 꿈을 싣고 헤엄쳐 가네

지구의 푸른 심장이 뛰고 있어

생명의 바다 깊이 파동치는 고래의 노래

거대한 물결 속 낱낱의 물방울에 파도쳐 가네

이 노래는 거리 공연에서 반응이 꽤 좋았다. 마침 2005년 '서울 지구의 날' 행사에서도 공연 요청이 와서 넓은 무대를 뛰어다니며 신나게 불렀던 기억이 생생하다. 2008년 1월, 동해를 유영하는 귀신고래 동영상을 찍어 제보하면 500만 원을 준다는 뉴스가 떴다. 국립수산과학원 고래연구소에서 진행한 고래 보호 캠페인의 일환이었다. 우리가 만든 곡이 널리 알려지진 않았지만 이와는 별개로 캠페인은 많은 관심을 받은 것 같아 뿌듯했다.

가요사에서 고래가 등장하는 가장 유명한 노래는 송창식의 〈고래사냥〉이다. 1975년에 나온 이 노래는 청춘들의 방황과 이상향을 그리는 가사로 큰 사랑을 받았고, 훗날 같은 제목의 영화가 개봉해 그해 한국영화 흥행 1위에 오르는 기록도 세웠다. 이후 '고래사냥'이라는 표현은 낭만과 도전의 대명사가 되어, 오랫동안 만나지 못하던 이들이 한곳에 모이면 떼창하는 국민가요로 사랑받았다. 나도 이 노래가 흘러나오면 흥얼거리며 따라 부르던 기억이 난다. 괜히 기차를 타고 동해로 향하고 싶었다.

그런데 환경문제에 관심을 기울이면서 점점 노래를 듣기가 불편해졌다. 고래를 구하는 게 아니라 잡으러 가자니, 해양생태계 파괴에 대한 경각심이 커지는 21세기 정서에는 당최 어울리지 않는다.

한번은 청소년 교양수업에서 해변에 떠밀려 온 덩치 큰 고래를 구조하는 영상을 보여준 적이 있는데 다들 감탄하며 더 가까이서 보려고 몸을 앞으로 기울였다. 영상에 나오는 사람들은 서둘러 고래에게 바닷물을 끼얹고 웅덩이를 만들어 고래의 몸이 마르지 않도록 도왔다. 아이들과 함께 영상을 볼 때마다 고래 보호 이야기를 나누며 부담 없이 들을 만한 가요가 있으면 얼마나 좋을까 싶었다. 시대감각에도 맞고 고래 보호 메시지가 확실한 가요가 있다면 참 좋을 텐데 마땅한 노래를 찾지 못했다. 그러던 차에 악뮤의 〈고래〉를 알게 된 것이다.

> 고래야 적어도 바다는 네가 가졌으면 좋겠어
> 고래야 헤엄하던 대로 계속 헤엄했으면 좋겠어
> 부러워 난 고래야 네가
> 아마도 다들 그럴 거야
> 아마도 다들 그래서 바다를 빼앗으려는지 몰라
> 오 거대한 너의 그림자를 동경해
> 이 넓은 바다를 누비는 너의 여유 ✮

이 노래는 통기타 줄을 드문드문 튕겨내는 연주로 시작해 시종일관 조심스레 흘러간다. 말을 건네듯 조곤조곤 노래하는 분위기는 묘한 긴장감을 자아낸다. 그래서일까. 강연 시작 전 어수선한 상황에서도 악뮤 남매가 노래하는 라이브 영상을 틀어놓으면 귀를 쫑긋하고 집중하는 학생들이 적지 않다. 몇몇은 다소 어리둥절한 모습을 보이는데, 그도 그럴 것이 10대들에게 친근한 악뮤의 목소리지만 뭔가 생소하기 때문이다. 듣자마자 귀에 확 꽂히는 요소가 없다 보니 다른 대표곡들에 비해 인지도가 낮다.

나는 오히려 이 곡의 매력에 이끌려 악뮤의 정규 3집 《항해》의 수록곡을 차례차례 감상하게 됐다. 그걸로도 부족해 음원까지 몽땅 구매해 핸드폰에 담았다. 벌써 4년이 넘도록 《항해》는 내 핸드폰 소장 앨범으로 꾸준히 자리를 지키고 있다. 가끔가다 한 번씩 첫 곡 〈뱃노래〉에 올라타 짧은 항해를 시작하면 일곱 번째 곡에서 어김없이 고래를 만나게 된다.

돌고래를 바다로

아는 사람은 안다. 한 곡 한 곡이 아니라 앨범 단위로 음악을 연결해 감상하는 즐거움을. 디지털 음원 시대로 접어들자 나처럼 뮤지션 흉내를 내는 정도의 사람이 달랑 3분짜리 디지털 싱글 하나만 내도 형식상 아티스트니 뮤지션이니 하는 호칭을 얻게 되었다. 하지만 온전히 하나의 작품으로 정규 앨범을 구성하지 못한다면 그런 칭호는 과분하다. 혹여 누가 나를 아티스트나 뮤지션으로 소개한다면 극구 사양한다. 부지런히 랩을 구사하는 사람이니 '래퍼'라고 불러주면 그걸로 충분하다. 나는 정규 앨범은 엄두도 못 내고, 그저 친분 있는 뮤지션들의 도움을 받아 디지털 싱글 몇 곡을 발표했을 뿐이다.

그래도 뿌듯한 일은 있다. 올해 제주의 한 카페에 들렀을 때 카페 주인이 나를 알아보더니 "돌고래 랩 하신 거 자주 듣고 있어요." 하며 인사를 건네는 것 아닌가! 내가 부른 돌고래 랩이라면 2021년에 음원을 등록한 〈글라글라고치예〉가 분명했다. 제주어로 '글라'는 '가자'란 뜻이고, '고치'는 '함께'란 뜻이다. 제주에서는 '같이 가자'를 '고치 글라'라고 말하는데, 나는 랩에 어울리게 순서를 바꿔 "글라글라고치예"라고 불렀다.

이 곡은 제주도 바다에 사는 야생 돌고래 보호를 위해 지정된 '남방큰돌고래의 날'을 기념해 만들었다. 곡을 쓸 때는 악뮤의 〈고래〉와 송창식의 〈고래사냥〉 가사를 응용했다. 완성하기까지 우여곡절이 많았던 곡이기에 음원이 출시됐을 땐 기쁜 마음으로 해양환경단체 '핫핑크돌핀스'에 20만 원을 기부했다.

악뮤처럼 얘기해

바다 만큼은 네 거였으면 좋겠어

이십세기 바보들은 멀리 떠났어

삼등삼등 완행 고래를 구하러

제돌이와 춘삼이, 삼팔이와 복순이

태산이와 금등, 대포 태지
돌고래를 바다로!

    2012년부터 정부는 동물보호단체, 학자들과 활발히 협력해 수족관에 갇혀 있는 돌고래를 줄줄이 바다로 돌려보냈다. 이제는 해양수산부가 앞장서 '고래 바다쉼터'를 조성하는 일도 추진 중이다. 바다쉼터란 해안 바다에 울타리를 설치한 작은 보호 구역이다. 너무 오랫동안 수족관에 갇혀 있어서 야생에 적응하지 못하거나, 일본 태생이란 이유로 우리 바다에 돌려보낼 수 없는 수족관 돌고래를 그곳에 풀어주는 것이다.

    2023년을 기준으로, 전 세계에 3천 마리 이상의 고래와 돌고래가 수족관에 갇혀 있는 현실에서 바다쉼터 조성은 우리나라가 앞장서 동물 윤리를 실천할 수 있는 절호의 기회다. 바다쉼터가 조성된다면 악뮤가 축하공연으로 〈고래〉를 불러주면 좋겠다.

chapter 5.

성장

나아간다는 것

대중음악 감상 수업을 시작한 2011년부터 꾸준히 청소년들의 추천 음악 목록에 가장 빈번히 등장한 가수를 꼽는다면, 주저 없이 아이유다. 2023년 12월에도 중학교 1학년 학생이 쉬는 시간에 〈좋은 날〉을 불렀다. 아이유의 3단 고음으로 유명한 곡이다.

이 노래는 2010년도 발표곡인데, 타임머신을 타고 2030년에 어느 중학교를 방문해도 누군가 부르고 있을 법하다. 가수 소찬휘의 〈Tears〉도 20여 년이 흘렀지만 고음에 도전하고 싶어 하는 청소년들의 애창곡으로 사랑받고 있으니, 충분히 가능성이 있다.

아이유는 〈미아〉라는 노래로 가요계에 데뷔했다. 2008년, 그가 중학교 3학년 때다. 나는 이 곡을 불과 몇 년 전에 알았다. 한 중학생의 추천으로 찾아 들었는데 오케스트라 편곡이 돋보이는 진중한 곡이었다. 이후 아이유는 대한민국을 대표하는 가수로 성장했다. 팬들의 연령층도 다양하다. 언젠가 30대 지인이 아이유 콘서트를 겨우 예매했다며 자랑하던 기억이 있다. 나는 잘됐다며 축하했지만 별 감흥은 없었는데, 어쩐지 아이유 노래는 내 취향이 아니라고 생각했기 때문이다.

사람마다 취향의 벽은 꽤 견고하다. 나 같은 대중음악 애호가조차도 그 벽을 넘는 건 쉽지 않으니 말이다. 그래도 사람들이 아이유 노래를 왜 그리 좋아하는지는 공감이 간다. 아이유는 3단 고음뿐만 아니라 리듬감도 다양하게 즐기며 노래하는 데다, 특히 힙합 장르 리듬도 잘 소화해서 취향의 벽을 넘어 대중의 귀를 솔깃하게 만들기 때문이다. 그래서인지 '국힙원탑(힙합 장르 음악에서 랩 실력이 가장 뛰어난 이를 일컫는 유행어) 아이유'라는 밈까지 등장했다. 특히 시큰둥한 어투로 랩처럼 툭툭 내뱉는 가사가 돋보이는 〈Coin〉이나 〈삐삐〉 같은 곡은 몽땅 랩으로 채워도 잘 어울릴 구성이다.

힙합 장르 음악에선 랩을 하는 사람이 직접 가사를 써야 한다. 예외인 경우도 없진 않지만 말 그대로 예외일 뿐이다. 만약 아이유도 직접 가사를 쓰지 않았다면 국힙원탑이라는 신조어의 주인공이 되진 않았을 것이다.

성장한다는 것

아이유는 싱어송라이터로 데뷔한 가수는 아니다. 정규 앨범 1집과 2집을 보면 그가 작사에 참여한 곡을 찾기 힘들다. 그런데 3집에서는 작사를 전담한 곡 비중이 늘었고, 2015년 발표한 미니 앨범에는 전 수록곡의 작사·작곡 정보에 모두 그의 이름이 올라 있다. 이른 나이에 유명 가수가 되어 정신없이 공연을 뛰면서도 싱어송라이터가 되는 과정을 차근차근 밟아온 것이다. 2017년 아이유는 직접 제작한 정규 앨범을 발표하며 이렇게 말했다.

"스물다섯이 되니까 이제야 조금 저를 알 것 같다는 생각이 들어요."[4]

이 말이 나에겐 크게 와닿았다. 서른 살 초반, 커다란 배낭을 메고 체코 프라하를 여행할 때 아주 저렴한 가격에 유스호스텔을 이용한

적이 있다. 다행히 그곳은 연령 제한을 두지 않아서 경비를 아낄 수 있었는데, 특정 연령대에만 제공하는 각종 할인 혜택은 그림의 떡이었다(만 26세 미만이면 여러 나라에서 철도, 숙소, 박물관 할인 혜택이 있는 '국제유스증'을 발급받을 수 있다).

유스Youth. 나는 이 단어를 '충분히 젊은 나이'로 번역한다. 돈이 없어 궁색해도 낭만이 있고, 실패도 경력이 될 수 있는 확실한 젊음의 시기 말이다. 정체성이 다시 한번 정립되는 때이기도 하다. 아이유는 〈팔레트〉보다 2년 앞서 발표한 〈스물셋〉이라는 곡에서 변화를 거듭하고 흔들리는 자아를 노래했다. 지금이 좋다고 했다가 때려치우고 싶다고 했다가, 노랫말에서 변덕스러움이 느껴진다.

2013년경에 나온 한 연구 결과에 따르면 두뇌의 전두엽은 20대 중반이 되어야 어느 정도 성숙해진다고 한다. 전두엽은 목표의 추구, 미래 계획, 감정 조절 및 의사 결정에서 중요한 역할을 하는 부위다. 미국 법정은 해당 연구 결과를 받아들여 스무 살 전후의 범죄자들에게 선고되는 형량을 완화했다. 아직은 전두엽 발달이 미숙하기에 변화의 여지가 크다는 이유에서다.

나도 그 시기에 인디와 언더그라운드 문화를 알게 되어 사고방식에 엄청난 변화가 찾아왔다. 그 영향으로 고민 끝에 대학을 자퇴했고 스물네 살까진 갈피를 잡지 못해 허둥댔다. 63빌딩 세탁실에서 시간제로 일하다가 그만두고, 실용 음악 학교와 영상 편집 학원 사이에서 고민하다 실업자 교육 지원을 받아 편집디자인 실무를 배우기도 했다. 그런 과정을 거쳐 행사 기획자를 뽑는 사회적기업에 취업했다. 돌이켜보면 나 자신을 파악하기 위한 변덕스러운 과정이었다.

사실 어려서부터 자신의 진로를 정하고 정해진 레벨을 격파하듯 살아가는 사람은 극소수다. 단계별로 과정을 잘 지나온 듯 보이는 아이유조차 스물다섯까지는 자신이 진짜 무엇을 좋아하는지 혼란스러웠다며, 어느 시점이 되어서야 《팔레트》처럼 자신의 색깔을 담았다고 하지 않는가.

나는 자신이 뭘 좋아하는지 모르겠다며 진로 문제부터 노후생활까지 앞당겨 염려하는 청소년에게 이야기한다. 스물다섯까지는 영혼의 99퍼센트가 완성되는 기간이니 우선 작은 일에도 정성을 다하고 감동을 축적하는 과정이 중요하다고.

아이유는 스물다섯을 맞아 《팔레트》 앨범을 발매하고 불과 5개월 후 《꽃갈피 둘》이라는 노래 모음집을 완성했다. 아날로그 세대의 향수를 담은 옛 가요 중 여섯 곡을 골라 부른 앨범이다. 첫 번째 곡이 양희은의 〈가을 아침〉인데, 2017년 가을이 무르익을 즈음 경기도 김포의 한 고등학교에서 이 노래를 처음 추천받았다.

가을 아침 내겐 정말 커다란 기쁨이야
가을 아침 내겐 정말 커다란 행복이야
뜬구름 쫒았던 내겐
이른 아침 작은 새들 노랫소리 들려오면
언제나 그랬듯 아쉽게 잠을 깬다
창문 하나 햇살 가득 눈부시게 비쳐오고
서늘한 냉기에 재채기할까 말까 ✦

시작부터 1분 동안 아무런 연주 없이 차분히 흐르는 목소리는 정갈한 손 글씨를 닮아서 앨범 표지의 원고지 문양과도 잘 어울린다. 아이유와 양희은 버전을 번갈아 듣고 있자니 원고지 쓰는 법을 배웠던 초등학교 시절이 떠오른다. 6학년 때는 원고지에 쓴 글짓기로 상도 하나 받았다. 무엇을 주제로 썼는지 기억나진 않지만, 원고지 첫 장에 제목을 쓰고 칸을 띄운 다음 내 이름을 적을 때 멈칫거린 손끝의 긴장은 여전히 남아 있다. 이듬해 나는 중학생이 되었고, 양희은은 기타리스트 이병우와 함께 〈가을 아침〉이 수록된 앨범 《1991》을 발매했다.

『드래곤볼』 만화책에 푹 빠져 여의주 모양의 야광 고무공을 모으고 있던 열세 살의 나는 양희은에 아무 관심도 없었다. 만화 주인공 그림으로 두꺼운 연습장을 가득 채웠고, 음악도 〈드래곤볼〉 OST를 가장 좋아했다. 어디선가 양희은의 노래가 나와도 분명 귓등으로 흘려버렸을 것이다.

26년이 지나서야 아이유를 통해 〈가을 아침〉을 만나게 되었다. 그때의 나처럼 혼자서는 〈가을 아침〉을 감상할 계기가 없는 청소년들이 부지기수다. 나처럼 26년을 기다리게 하기엔 조바심이 난다. 지금도 나는 어떻게 하면 10대들과 함께 이 노래를 들어볼 수 있을지 방법을 찾는 데 여념이 없다. 또래 친구가 직접 불러주면 금상첨화일 텐데… 요리조리 궁리하며 기회를 노린다.

이 노래는 반주 없이 부르기에 참 좋은 곡이다. 무반주로 부르면 집중이 더 잘된다. 지역아동센터 교사를 대상으로 한 대중음악 수업에서 교사 한 분이 이 노래를 불러준 적이 있었다(노래를 시작하자 어김없이 4박자 손뼉을 치려는 분들이 있어 다시 노래를 청했다).

신기하게도 이 노래의 밋밋한 선율은 무반주에서 은근히 빛이 난다. 원곡 자체가 처음부터 끝까지 무반주였다면 더 좋지 않았을까 하는 생각이 들 정도다.

한 걸음 한 걸음 천천히

하루는 아이유가 밀알학교(발달장애인 특수학교)에 노래를 기부한 소식을 접하게 되었다. 아이유의 〈밤편지〉를 작곡한 제휘가 밀알학교에서 사회복무요원으로 근무하면서 느낀 점을 담아 〈한 걸음〉이라는 음원을 제작했는데, 이 작업에 아이유가 피처링으로 참여한 것이다. 이 곡은 리듬이 일정한 속도로 편안하게 흐르는 가운데 짧은 랩도 잘 스며든다. 뮤직비디오에는 밀알학교 교사들이 나와 노래와 랩을 들려주는데, 수업 풍경과 운동장이 배경이라 학교 곳곳을 구경하는 재미도 있다.

사실 이 노래는 아이유 팬들도 몰랐던 깜짝 발표곡이다. 나는 아이유 노래를 즐겨 듣는 학생에게 이 노래를 슬쩍 알려주곤 하는데, 잘 기억해 두었다가 따라 해보시라. '아이유잘알'로 비춰져 호감을 얻을 수 있을지 모른다. 다만 정식 음원이 아니어서 스트리밍 플레이리스트에 담지 못하는 아쉬움이 있다. 그렇지만 인터넷에서 마음껏 들을 수 있다.

나는 발달 장애인들과 교류할 기회는 없었지만 마음에 담아둔 일이 있다. 한 중학교 도서관에 초대받아 갔을 때 만난 학생 이야기다. 강연 중에 분위기 전환을 위해 랩 하고 싶은 사람을 청했는데 아무도 선뜻 나서지 않았다. 잠시 어색한 정적이 흐르는 찰나, 한 학생이 손을 번쩍 들더니 랩을 들려주었다.

그의 랩은 힘이 있었다. 진지한 표정으로 랩의 리듬감을 꽤 정확히 구사해 도서관의 분위기를 확 바꿔놓았다. 학우들과 선생님조차도 예상치 못했는지 놀란 표정이었다. 나는 그 학생이 지적 장애인이라는 걸 나중에 알았다. 만약 내가 학교에 가지 않았다면 그는 평소 외우고 다니는 랩을 사람들 앞에서 들려줄 기회가 영영 없었을지도 모를 일 아닌가. 지금 생각해도 정말 뿌듯하다. 그날 이후 나는 밀알학교 같은 곳에서 랩 워크숍을 열어 프리스타일 랩을 시연하며 학생들과 함께 어울릴 궁리를 한다.

아이유는 요샛말로 '선한 영향력'을 발휘하는 인물이다. 자기 분야에서 특출한 실력을 갖추고, 곤란한 상황에 빠진 이들에게 눈에 띄는 도움을 준다. 소위 아이유처럼 '넘사벽'인 인물은 본받을 점도 시사하지만 나 같은 평범한 사람에게 박탈감을 안기기도 한다. 무슨 일을 하더라도 남들이 우러러볼 능력이나 재력부터 갖춰야 의미가 있을 듯한 압박감도 든다. 아이유의 열다섯 살 데뷔 무대 영상에는 이런 불안이 고스란히 묻어난 댓글이 큰 호응을 얻어 상단에 고정되어 있다. "난 교실에서 판 치기 할 때 아이유는 데뷔해서 돈 벌고 있었네."

근래는 크게 성공하는 사람들의 비법이 잠재의식에 있다고 해서

'끌어당김의 법칙'이 유행하고 있다. 가령 다음과 같은 목표를 적어 내려가면서 미래에 이뤄질 것을 티끌만큼도 의심하지 않는다. 나는 경제적 자유를 달성하고 선한 영향력을 미친다, 나는 독서와 글 쓰는 습관으로 베스트셀러 작가가 된다, 나는 30대에 30억 자산가가 된다, 나는 동기부여 연설가가 된다….

이런 사고법을 '긍정확언'이라고 한다는데, 대체로 '나는 돈을 끌어당기는 자석 같다'는 식의 표현이 많다. 얼마 전에는 주목받는 신예 래퍼 한 명이 인터뷰에서 성공을 향한 의지를 내보이며, 자신에게 한계가 있다고 생각하는 순간 실제로 한계가 생기므로 억지로라도 그런 생각을 지워야 한다고 얘기하는 걸 봤다. 얼핏 긍정적으로 도전해야 한다는 느낌인가 했지만 어딘가 결이 달랐다. 아마도 끌어당김의 법칙에서 영향을 받은 듯싶었다. 청년들이 소셜미디어에 올린 온갖 긍정확언을 보고 있자니 애틋하면서도 해괴한 느낌이 들었다.

모든 긍정확언이 불편한 건 아니다. "나는 성장하고 있습니다"처럼 내가 평소 즐겨 쓰는 표현도 있다. 하지만 대체로 고등학교 시절 정문 앞에 세워놓은 바위 조형물을 연상시킨다. 그 바위에는 "하면 된다"는 글씨가 크게 새겨져 있었다. 아무래도 나에겐 마음가짐에 따라 안 될 건 없다는 성공의 비결보다 아이유의 〈좋은 날〉〈잔소리〉〈분홍신〉의 노랫말을 쓴 작사가 김이나의 구체적인 조언이 더 와닿는다.

어린 시절 김이나는 음악 감상과 짧은 글쓰기를 좋아했다. 별다른 음악 교육은 받은 적 없었고 대학 전공도 음악과 무관했지만 졸업 후 생계형 직장인으로 일하면서 어떻게든 대중음악과 밀접한 일을 할 기회를 엿보았다. 가요 제작에 대한 관심이 점점 커졌기 때문이다.

그러다 스물네 살이 되던 해 첫 작사 저작권료로 6만 원을 받은 일을 계기로 작사를 부업으로 삼았다. 그로부터 전업 작사가가 되기까지 5년이 걸렸다. 그의 말에 따르면 작사가가 되기 위한 과정은 따로 없었다. 그저 자신은 평범한 사람이라 하나의 목표만을 위해 무모하게 살 수는 없었다며 "꿈이 있으면 그걸 일단 마음속에 단단히 꽂아 놓고, 일단 지금 나에게 주어진 하루를 잘 살아야 기회도 오거든요."[5] 라고 조언한다.

주변의 지지와 지원을 받아 가수로 한 우물을 판 아이유와 앞날이 불확실한 상황에서 작사가의 길로 들어선 김이나. 이 둘은 서로 너무나 다르지만 스물다섯쯤 자신이 가진 팔레트를 비우고 다른 물감을 골라 새롭게 채웠다는 공통점이 있다.

미래

누군가는 오늘도
세상을 구하러 간다

청소년 대상 강연을 하면서 얻은 지혜가 있다. 10대들이 마음속에 어떤 음악을 품고 있는지 알아내려면 질문이 중요하다는 것이다. 다짜고짜 '무슨 노래 좋아해?'라고 묻기보다는 두고두고 들을 만한 음악을 추천해 달라고 하거나, 혼자 듣기 아까운 음악을 공유하자고 얘기하는 편이 낫다.

이때 '노래'라는 표현 대신 '음악'이라고 해야 한다. 이 점이 중요하다. 노래라는 단어는 아무래도 노래하는 가수부터 떠올리게 할 소지가 크다. 가수의 외모나 패션 그리고 무대 연출에 대한 이미지까지 몽땅 끌어오기 때문에 음악이 가려진다. 무엇보다 음악 자체를 중시하는 질문을 던질 때 그들 안에 내재한 예술적 감각이 움직이기 시작한다.

추천곡은 상대방을 이해할 수 있는 중요한 단서가 된다. 나는 추천곡을 보면서 '이 사람은 나와 비슷한 면이 있으니까 이런 것도 통하겠다' 혹은 '나완 성향이 많이 달라 보이네. 내 위주로 얘기하지 않게 조심해야겠다'고 생각한다. 누군가를 처음 만날 때 우리는 흔히 나이 혹은 학력이나 직업 등에 의존해 상대를 파악하게 되는데, 그렇게 되면 그 사람의 내면에 접근하기 어렵다.

그들이 적은 음악에 작은 관심만 보여도 세대 차이는 금세 사라진다. 내 수업을 한 번 듣더니 자기 아빠와 나이가 비슷한 나를 "형"이라 부르는 초등학생도 있었다. 교실에 처음 나타날 때는 분명 아저씨였는데, 음악에 대해 말이 통한다는 느낌이 드니 심리적 격차가 줄어든 것이다.

마이크를 들고, 소년원으로

교도소 재소자를 대상으로 대중음악 감상 수업을 맡은 적이 있다. 4년 동안 한 달에 한 번 꾸준히 해왔던 일인데 이분들에게도 같은 방식으로 추천곡을 받았다. "아, 이런 음악을 좋아하는 분이군요."라고 인사를 건네면 비록 죄수복 차림이어도 사회적 격차 없이 인사를 나눌 수 있었다.

재소자들과 이야기를 나누다 보면 노래와 유흥업소 사이의 연결 고리를 끊는 일이 정말 중요하다는 생각이 들었다. 출소하자마자 술 마시는 노래방부터 찾아가 예상치 못한 사고를 일으키는 사람도 있었다. 그런 곳에는 미성년 종사자 문제도 흔히 뒤따르곤 하는데, 유흥업소 허가를 받은 노래방에서 일명 도우미로 암암리에 미성년자를 고용하기 때문이다. 어느새 사회문제로 떠오른 노래방 도우미는 지금도 여전히 언론에 오르내린다. 이유는 복합적이지만 아마도 노래 부를 때 분위기를 띄워줄 술과 종업원을 찾는 사람이 워낙 많다 보니 이런 상황에 이르지 않았을까 싶다.

노래란 내면에 숨겨진 소중한 감정을 불러내 마주하기 위해 부르는 것이다. 1200년경 중국의 유학자 주희는 사람이 시를 짓고 노래하는 이유를 이렇게 표현했다. 삶에서 말로 다 표현할 수 없는 감응을 느낄 때 감탄과 탄식이 음악처럼 절로 흘러나오는데, 이를 멈출 수 없기 때문이라고.

노래는 의학적으로 신체에 좋은 영향을 미친다. 독일 프랑크푸르트 대학 연구팀은 정기적으로 노래를 부르면 산소 흡입량이 늘어나서 신체 건강에 도움이 된다는 연구 결과를 내놓기도 했다.[6] 이를 경험하려면 일단 맑은 정신으로 성의를 다해 노래를 불러봐야 한다.

교도소 수업을 시작한 지 3년쯤 지나서는 소년원 수업도 맡게 되었다. 교도소에서는 앞에 나와 노래를 불러보려는 재소자가 거의 없어서 아쉬웠는데, 소년원은 다를 거라는 기대가 있었다. 가출 청소년들을 따라다니며 취재한 신문 기사가 떠올랐기 때문이다.

"'동전노래방에 갈까.' 시린 손을 비비며 민재가 말했다. 500원이면 두 곡을 부를 수 있는 무인 동전노래방엔 눈치 주는 사람도 없고 잠시지만 겨울바람도 피할 수 있다. 둘은 가진 동전 세 개를 털어 넣고, 돌아가면서 20분간 노래 여섯 곡을 불렀다. 노래가 끝난 뒤 하염없이 거리를 걷던 아이들은 24시간 문을 여는 햄버거 패스트푸드 매장 등을 기웃거렸다."[7]

이들은 친구가 보내준 3만 원이 통장에 입금된 걸 확인하자마자 대뜸 노래방에 갈 거라고 얘기한다. 나는 어안이 벙벙했다. 하루 한 끼도 제대로 먹기 힘들다는데 노래 부를 생각부터 한다니! 기사에 등장하는 민재처럼 밥보다 노래부터 챙기던 아이가 소년원에도 있을까?

나는 또 다른 '민재'를 찾기 위해 수업 때마다 마이크와 앰프를 가져다 놓고 원생들에게 노래 연습을 권했다. 사람들 앞에서 허리를 곧게 펴고 연주가 끝날 때까지 노래하는 즐거움을 경험한다면 성인이 되어 '맨정신에 어떻게 노래하냐'는 말은 하지 않을 것이다.

첫 시간. 소년원 생활이 단조로우니 노래하고 싶어 하는 학생들이 분명히 있을 거라고 예상했는데 선뜻 나서는 사람이 없었다. 나는 밝은 어조로 차분히 설명했다. "노래 연습해 볼 친구 없나요? 노래자랑이 아니라, 나는 이런 노래 좋아하는 사람이라는 걸 표현하는 거예요. 무조건 잘 듣겠습니다."

내 말에 잠시 정적이 감돌고 서로 눈치만 보던 그때 앳되어 보이는 원생이 망설이다 입을 뗐다. "윤하의 〈비밀번호 486〉 부르겠습니다."

이 노래는 남자 친구에게 마음을 표현하는 방법을 조언하는 내용을 담고 있다. 이런 노래를 소년원에서 앳된 남자 원생의 목소리로 듣게 될 줄이야. 게다가 끝까지 정성껏 불러주어서 노래를 마쳤을 땐 다들 감탄하며 힘찬 박수를 보내주었다. 소규모 공연장을 즐겨 찾는 나는 관객들이 보내는 박수의 성격을 아주 예민하게 파악한다. 그날 울린 박수에는 노래한 친구를 향한 존중이 담겨 있었고, 덕분에 서로를 은근히 경계하던 불안한 눈빛들이 온화해졌다.

〈비밀번호 486〉은 윤하의 2007년 정규 앨범 대표곡이다. 한동안 일본에서 활동해 온 윤하는 이 앨범에 힘입어 2007년 5월에 싸이월드가 주최한 디지털 뮤직 어워드에서 '이달의 신인상'을 받았다. 싸이월드 추억을 간직한 세대라면 '486'이 무슨 뜻인지 단박에 알아챌 것이다. 486은 '사랑해'의 글자 획수다. 이 노래를 배경음악으로 걸어놓은 싸이월드 친구들이 많았을 텐데, 나는 도통 기억이 나질 않는다. 2007년도라면 내가 한참 거리 곳곳에 랩을 하러 다니려고 발품 팔던 시기다. 그땐 다이나믹 듀오나 45RPM의 랩을 열심히 듣던 때라 윤하의 노래가 들려와도 귓등으로 넘겼을 듯싶다.

이렇듯 취향이란 보이지 않는 견고한 벽이다. 20대 때는 내가 인정하는 음악만을 가치 있는 것으로 여겼고, 다른 이들이 어떤 음악에 마음을 주고 있는지는 전혀 궁금해하지 않았다.

역주행으로 발견한 노래

2022년 어느 봄날, 오랜만에 천안에 갔다. 천안은 익숙한 곳이다. 이전에는 여러 중학교에서 대규모 강연을 자주 했는데 이날 방문한 오성중학교에는 (코로나바이러스에 대한 경계가 여전하던 때라서) 딱 스무 명이 모였다. 소규모 강연에서는 특별히 기대되는 점이 있다. 일일이 포스트잇을 건네주고 추천 음악을 받으면, 대규모 강연에서 칠판에 적어달라고 할 때보다 훨씬 다양한 곡을 만날 수 있기 때문이다.

그날도 그랬다. 한 사람 한 사람 어찌나 성의 있게 쓰던지! 늘 그러하듯 학생들이 추천 음악을 써놓은 포스트잇을 모아 사진을 찍어두었다. 그중에서도 유독 눈길을 끈 것 하나. 그 안에는 1987년 유재하의 〈사랑하기 때문에〉부터 2021년 원슈타인의 〈캥거루〉까지 폭넓은 스펙트럼이 펼쳐져 있었다. 유재하, 원슈타인, 이문세, 이하이, 빈첸, 방탄소년단, 데이식스… 그 한가운데서 윤하를 발견했다. 2007년에 발표한 〈비밀번호 486〉 이후 2010년대를 관통하며 현재도 왕성하게 활동하는 싱어송라이터 윤하의 존재감에 딱 어울리는 자리였다. 2015년에는 환경부 홍보대사로 위촉되고 2016년에는 비디오 게임의 주제곡을 부르는 등 그의 활동 이력은 폭넓다.

학생이 추천한 윤하의 노래는 〈사건의 지평선〉. 이 곡은 발매 당시엔 인기를 얻지 못했지만, 역주행으로 2022년 11월 음원·지상파 TV 음악 방송·노래방 순위에서 모두 1위를 차지한 노래다. 그날 윤하의 이름을 적은 학생은 선견지명이 있었던 셈이다. 물론 순위가 중요한 건 아니다. 하지만 유행에 편승하지 않고 만든 곡이 이렇게 큰 반향을 일으킬 수 있다는 사실은 묵묵히 자기 음악을 해나가는 이들에게 용기를 북돋워 준다.

이 곡의 재생 시간은 무려 5분이다. 세계적으로 3분을 넘지 않는 짧은 곡이 늘어나는 추세에 5분짜리 곡을 앨범 대표곡으로 내세운 점에서도 창작가의 소신이 엿보인다. 윤하는 〈비밀번호 486〉 이후 15년 만에 지상파 TV 음악 방송에서 1위를 차지하자 전혀 예상하지 못했다며 얼떨떨해했다. 알고 보니 역주행의 비결은 라이브 공연이었다. 2022년 6월, 서울 올림픽공원 잔디 마당에서 열린 한 페스티벌에서 윤하는 밴드 연주자들과 함께 공연했다. 이때 찍은 영상이 반향을 일으켜 팬데믹 이후 축제를 재개한 전국 대학에서 앞다퉈 윤하를 초청하기에 이른다. 축제에서 윤하는 예전 히트곡과 잘 알려지지 않은 곡을 같이 불렀는데 이상하게도 시간이 지날수록 다른 노래에 비해 〈사건의 지평선〉을 부를 때 유독 떼창 소리가 커졌다고 한다. 그때만 해도 잘 알려지지 않았던 곡인데 말이다. 그런 사연을 알고 들어서였을까. 이 곡은 히트곡을 향한 욕망이 전혀 느껴지지 않았다. 무대에서 두 손으로 마이크를 부여잡고 노래하는 윤하와 바로 뒤에서 연주하는 드러머의 모습은 여느 소규모 라이브 클럽에서 공연하는 인디 밴드의 모습과 다름이 없었다. 당시 윤하는 SNS에 이런 글을 썼다.

"어차피 하던 걸 계속할 뿐이라서 별다른 것 없지마는 TV에도 초청돼서 노래하고 무엇보다 우리 홀릭스(팬클럽) 어깨 펴지는 소리 들려오는 것이 참 행복한 일이다. 오늘도 세상을 구하러 가자."[8]

세상을 구하러 가자! 어떤 의미로 한 말인지는 몰라도 내겐 사람의 마음을 움직이고 사회 변화에 일조하는 음악적 소신으로 와닿았다.

'사건의 지평선'은 모든 것을 삼켜버리는 블랙홀의 경계선이다. 지평선 너머 블랙홀 안쪽에서 무슨 일이 일어나는지 밖에서는 전혀 감지할 수 없기에 이런 이름이 붙었다고 한다. 윤하는 사랑하는 연인과 이별하면 그 추억들을 두 번 다시 닿을 수 없는 경계선 너머로 떠나보낸다는 의미로 이 말을 가사에 사용했다. 하지만 문장 표현이 직설적이지 않아서 누구든지 자신만의 상황에 맞춰 재해석할 수 있다는 장점이 있다. 아련하게 남아 있는 지난날을 후련하게 매듭짓고 미지의 미래를 향해 나아가는 느낌으로 들어도 새롭다.

여긴 서로의 끝이 아닌

새로운 길모퉁이

익숙함에 진심을 속이지 말자

하나둘 추억이 떠오르면

많이 많이 그리워할 거야

고마웠어요 그래도 이제는

사건의 지평선 너머로 ✦

한 중학생은 이 노래에 관한 흥미로운 이야기를 들려주었다. 인터넷에 천문 현상을 소재로 삼은 윤하의 곡들을 모아놓은 플레이리스트를 들으면서 과학 공부를 한다는 것이다.

〈혜성〉〈오르트구름〉〈하나의 달〉〈별의 조각〉〈Black hole〉….

이 중 〈오르트구름〉은 〈사건의 지평선〉만큼이나 10대들의 입에 많이 오르내리는 노래다. 한 고등학교에서 이 곡을 추천받았을 때 나는 얼른 라이브 영상부터 찾아보았다. 밴드와 함께하는 라이브 무대를 보고 싶어서였다. 아니나 다를까, 영상 속에서 윤하는 통기타를 힘차게 연주하며 다른 악기 연주자들과 함께 노래하고 있었다. 이 영상에는 무려 2천 개에 가까운 댓글이 달려 있었는데 유독 댓글 하나가 눈에 띄었다. 노래를 이해하는 데 필요한 배경지식을 간결하게 잘 정돈한 글이어서 머릿속에 절로 태양계가 그려졌다.

"가슴이 반응하는 비트인 것도 좋지만 제목이 오르트구름인 것도 좋아요. 오르트구름은 태양계를 껍질처럼 둘러싸고 있는 구름, 천체 집단인데 실존하는지는 아직 몰라서 가상으로 여겨지고 있기도 해요. 그 오르트구름이 실존한다면 태양계의 크기가 우리가 생각했던 것보다 훨씬 방대해진다는데 그 방대한 구름, 울타리, 크기나 길이가 어쨌든 굴하지 않고 뛰어넘겠다는 이 노래 가사가 너무 좋아요… 한동안 이 노래만 듣겠네요. 윤하는 정말 최고예요."⁹

Let's go!

새로운 길의 탐험가

Beyond the road

미래 - 누군가는 오늘도 세상을 구하러 간다

껍질을 깨뜨려버리자

두려움은 이제 거둬

오로지 나를 믿어

지금이 바로 time to fly ✦

기후 위기 시계가 가리키는 미래

청소년들 덕분에 알게 된 윤하의 노래들은 이제 내가 즐겨 듣는 플레이리스트에도 담겨 있다. 그의 6집 앨범에 실린 〈6년 230일〉은 모두에게 추천하고 싶은 곡이다. 윤하는 기후 위기 대응의 시급함을 알리기 위해 이 가사를 썼다고 한다. 6년 230일은 당시 '기후 위기 시계'가 가리키는 시간이었다. 기후 위기 시계는 전 세계 과학자, 예술가, 기후 활동가가 모여 고안한 디지털시계로 지구 평균 기온이 산업화 이전보다 1.5도 상승하는 시점까지 남은 시간을 표시하고 있다. 부산·인천·대전·영천 등 국내 곳곳에 이 시계가 설치되었고, 인터넷으로 남은 시간을 확인할 수 있다.[10] 내가 자판을 두드리며 글을 쓰고 있는 지금은 몇 시일까? 이런, 불과 5년밖에 남지 않았다.

나는 언젠가 우주에서 한번 살아보고 싶다. 그런데 한편으론 이런 상상도 한다. 만약 그렇게 된다면 우주에서도 결국 지구가 얼마나 아름다운 곳인지 깨닫는 것이 아닐까? 우주에서 산전수전 다 겪고 지구로 돌아가고 싶어질 때 지구가 멀쩡해야 할 텐데 걱정이다. 그래서 매일 환경을 위해 뭐라도 실천하는 사람들의 SNS를 관찰하며 기후 위기 대응에 관심이 느슨해지지 않으려고 애쓴다. 요새는 부쩍 수리와 수선에 관심이 쏠린다.

나는 옷 수선점을 자주 찾는다. 해마다 즐겨 입는 체크무늬 남방도 군데군데 해어져 동네 수선점에서 바느질하고 천을 덧대었다. 13년 전에 산 것이다. 스케이트보드를 탈 때 신는 낡은 운동화는 늘 같은 부분이 심하게 닳는데, 그 부분에 목공 풀을 하루 전에 발라놓으면 조금 더 오래 신을 수 있다. 헌것을 손보면 새것을 구입할 때보다 돈도 절약하고 유행에 편승하지 않는 나만의 패션을 갖추게 되어 장점이 많다.

내가 힙합 패션을 좋아하는 이유도 그렇다. 비싼 보석이나 명품을 자랑하는 래퍼들이 상대적으로 늘어나서 오해가 많지만, 80년대 들어 시작된 힙합 패션의 흐름을 찬찬히 들여다보면 유행을 따라 쉽게 요동치는 패스트패션과 다르다는 걸 느낄 수 있다. 힙합 댄스 행사에 가보면 안다. 댄서들의 옷차림에서 80년대나 90년대의 느낌이 물씬 난다. 힙합은 씩씩하고 활동적으로 보이는 모양새가 중요해서 빛 바랜 허름한 옷이 새것보다 오히려 근사해 보이기까지 한다.

간혹 내 소박한 패션을 눈여겨본 학생이 "선생님 패션 힙해요."라고 칭찬해 주면 나는 이렇게 대답한다. "난 그냥 옛날 올드스쿨 스타일로 입는 거야." 20년 전 스케이트보드 가게에서 산 외투도 수선해서 지금도 잘 입고 다닌다. 2024년 1월에는 그 외투를 입고 청룡의 해를 주제로 프리스타일 랩 영상도 찍었다.

한 편집 디자이너는 취미 삼아 사람들의 망가진 컴퓨터 키보드를 무료로 고쳐주고 있다. 놀라지 마시라. 그는 2022년 한 해에만 무려 659개의 키보드를 수리했다. 틈틈이 시간 내서 하는 공익 활동이지만 이 정도면 가히 한국의 키보드 수리 전문가라 칭할 만하다. 하루는 그가 SNS에 '수리할 권리 선언문'을 번역해 올렸다. 소비자가 쉽게 수리할 수 있는 제품을 설계하라고 기업에 촉구하는 국제적인 선언문이라는데, 원본 포스터의 한국어판을 요청해 이루어진 결실이다.[11]

요즘 제품은 정말이지 부분적으로 수리할 엄두가 나지 않는다. 지난겨울 노트북 자판의 키 일부가 때때로 작동하지 않는 현상이 있어 서비스센터를 찾아갔더니 자판을 통째로 바꾸란 말을 들었다. 그런데 며칠 후 키보드가 망가진 게 아니라 소프트웨어에 사소한 충돌이 일어나서 생긴 문제라는 걸 알게 됐다. 직원이 일부러 거짓말을 했다고 의심하진 않지만 나는 기업 정책에 경각심을 갖게 되었다. 다행히 내가 가장 즐겨 사용하는 블루투스 스피커만큼은 소비자가 직접 배터리를 교체할 수 있다. 배터리 성능이 떨어져 버려야 하나 고민할 때 관련 영상을 보고 교체에 도전했는데, 비록 손이 덜덜 떨리긴 했지만 30분 만에 성공하는 즐거움을 맛보았다. 뿌듯함을 넘어 삶의 주체성을 회복한 느낌이었다.

그러고 보니 윤하의 목소리에는 주체성이 담겨 있다. 근래 들어 케이팝K-POP 종사자들 사이에서 'K'를 빼야 장기적으로 시장성이 확보되지 않겠냐는 목소리가 나온다. 현재의 케이팝 아이돌 음악은 마치 한강의 기적처럼 훌륭하지만 결국 자본 시장의 논리에 따라 정체성이 결정될 수밖에 없다. 윤하도 중학교 시절 내내 연예기획사 오디션에 응시해 댄스 가수를 준비하기도 했고, 막상 소속사에 들어가서는 전략에 따라 변화를 거듭한 가수였다. 그러나 놀랍게도 자신을 둘러싼 거대한 자본의 소용돌이 속에서 자신만의 주체성을 스스로 발굴하고 길러왔다. 그는 한 인터뷰에서 자신의 20대 때가 대부분 끔찍했다고 얘기했다. 나는 그 심정을 나름대로 헤아려 본다. 음악시장의 경쟁 속에서 자기다움을 위협받는 어려운 시기였을 거라고.

2023년 제20회 한국대중음악상은 '올해의 노래'로 〈사건의 지평선〉을 선정하며 이런 평을 냈다.

"점점 음악 외적 요소들이 곡의 홍보에서 중요해지는 현재 가요계의 흐름에서 그 반대 방향으로도 성공했던 이 곡을 통해 역시 '좋은 노래'는 기회만 닿는다면 언제든 대중의 인정을 받을 수 있다는 것을 이 곡의 대중적 성과와 이번 수상이 큰 시사점을 남겼다고 생각한다."[12]

나에게 윤하의 곡을 추천한 학생들은 음악을 통해 윤하의 이런 면모를 감지한 게 분명하다. 그들의 내면에는 윤하가 추구하는 주체성과 닮은 꼴인 작은 우주가 감춰져 있다. 소년원에서 만난 청소년이든 학교에서 만난 청소년이든. 나는 그렇게 믿는다. 그것이 대중음악이 우리에게 주는 공평함이다.

chapter 7. 평화

'팝'이라는
거대한 물결

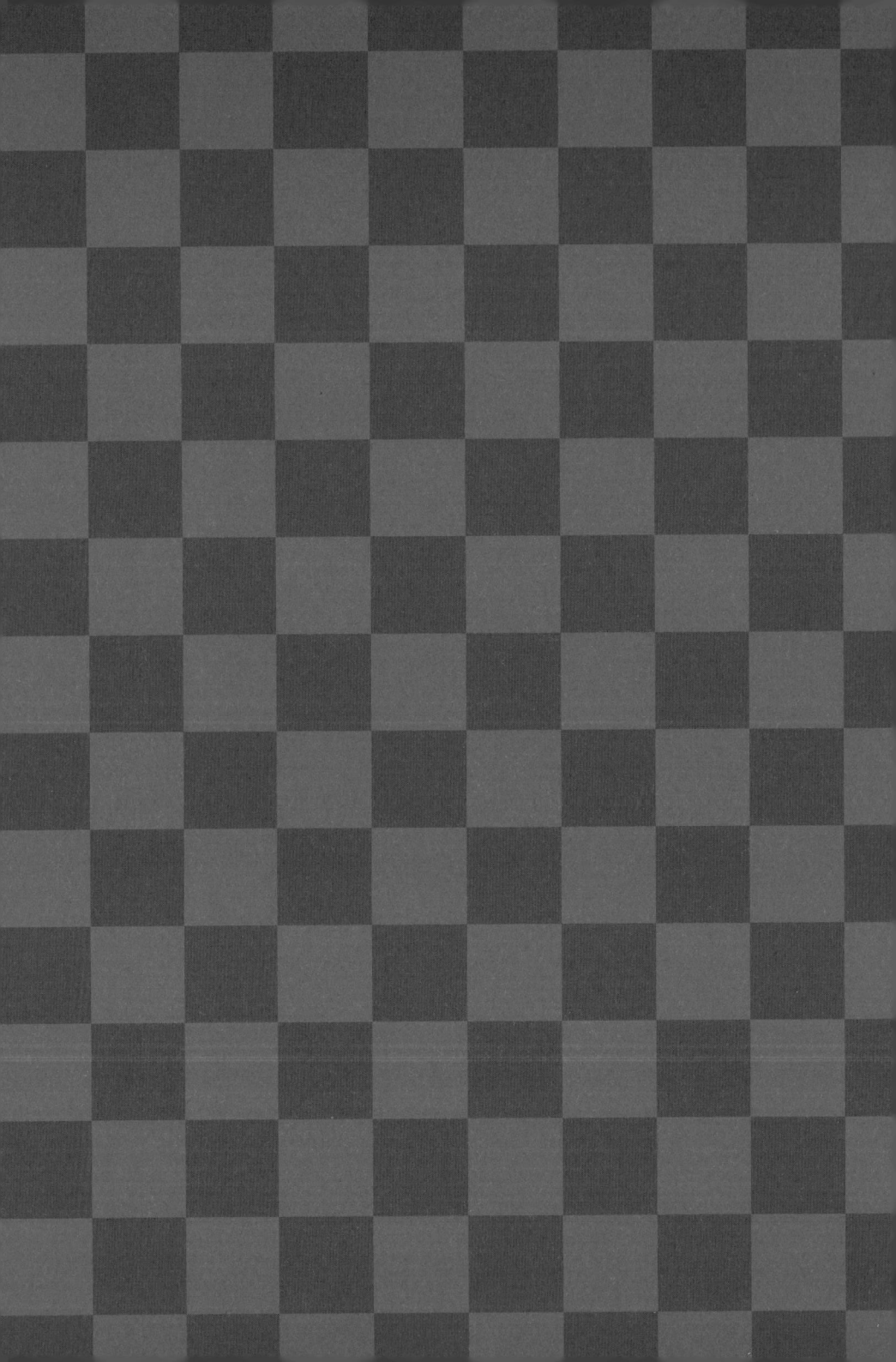

캄캄한 밤, 한적한 동네 음악 스튜디오에 첩보 작전처럼 사람들이 하나둘 모여들었다. 놀랍게도 이들은 미국에서 당대 최고의 인기를 누리던 가수들이었다. 다들 정신없이 바쁜 와중에 무엇을 해야 하는지도 잘 몰랐지만 마이클 잭슨이 불렀다고 하니 따지지 않고 한걸음에 달려온 것이다. 1985년 1월의 일이다.

마이클 잭슨은 자선 음반을 제작해 기근에 고통받는 에티오피아를 돕자는 동료 뮤지션들의 뜻에 따라 노래를 만들었고, 미국을 대표하는 팝 스타들을 선정해 비밀리에 연락했다. 다 같이 모여 한 번에 노래를 녹음할 심산이었다. 그날 모인 가수들은 미리 노래 가이드가 녹음된 카세트테이프를 받기는 했지만, 누가 어느 부분을 어떻게 부를지 전혀 결정되지 않은 상태였다.

이들은 밤새도록 마이클 잭슨이 만든 노래를 연습했고 그 자리에서 녹음을 끝냈다. 이렇게 탄생한 노래가 1980년대를 통틀어 가장 사랑받은 싱글 중 하나로 꼽히는 〈We Are the World〉다.

어린 시절을 돌아보면 조용필을 가장 좋아했던 아버지도 마이클 잭슨 카세트테이프를 소장하고 있었다. 일곱 살 무렵 집 마당에 앉아 하얀 종이 위에 연필로 마이클 잭슨을 그리고 뿌듯해하던 내 모습도 기억난다. 대중음악에 무관심할 법한 나이였지만 마이클 잭슨 노래만큼은 멋대로 흥얼거렸던 것 같다.

나는 왠지 그가 다정한 어른으로 보였다. 고등학교 2학년 때 그의 신보가 발매된다는 소식에 몇 달을 손꼽아 기다리던 추억도 생생하다. 용돈을 모아두었다가 단골 음반 가게에 달려가 카세트테이프를 손에 쥐었을 때의 촉감까지도.

그의 트레이드마크와도 같은 춤 '문워크'Moonwalk를 터득한 건 그로부터 한참 뒤의 일이다. 아마도 30대 중반은 되어서였던 것 같다. 반들반들한 바닥만 보면 문워크 흉내를 내보곤 하다가 문득 요령을 깨달았다. 초등학생 시절부터 수련해 왔으니 참 오래도 걸렸다. 다른 사람에게 보여줄 욕심으로 연습한 건 아니고 그저 인생의 소소한 로망이었다.

티를 안 내서 그렇지 나처럼 문워크에 로망을 지닌 사람은 의외로 많다. 매년 새로운 문워크 영상이 인터넷에 부지기수로 올라오고, 집에서 양말에 구멍이 날 정도로 연습 중이라는 댓글도 계속 달린다.

동작을 터득하고 보니 문워크는 좁은 공간에서 큰 즐거움을 누릴 수 있는 춤이었다. 설거지를 마치고 책상에 앉으려 할 때 딱 네 걸음만 문워크로 이동해도 예술적인 능력을 발휘했다는 만족감이 컸다. 이 좋은 걸 어찌 혼자만 즐길까. 나는 수업 시간에 문워크를 전수해야겠다고 마음먹었다.

"잠깐 일어나 볼까요? 문워크하는 방법을 알려줄게요."

나는 종종 수업 중에 간단한 문워크 동작을 시연한다. 학생들의 활기를 끌어올리기 위해서다. 춤꾼처럼 능숙하진 않아도 네 걸음만으로 제자리에서 살살 미끄러지는 춤사위는 누구나 가능하다. 발동작을 전수하는 데 걸리는 시간은 3분으로 충분하다. 단 몇 분 만에 아이들이 눈을 반짝이며 "저 되는 거 같아요!" 하고 외치는 소리를 들을 수 있다. 지금 바로 문워크를 하고 싶다는 생각이 든다면 도전해 보길 바란다. 특별한 춤으로 보이지만 의외로 원리는 간단하다.

따라 해보세요!

❶ 두 발을 가지런히 모으고 서서 정면을 응시한다.

❷ 오른쪽 무릎을 굽혀 오른발을 앞꿈치로 디딘다.

❸ 오른발 앞꿈치를 들어 한 발짝 앞으로 내민다.

❹ 움직인 오른발을 바닥에 밀착시켜 뒤로 당기면서 동시에 왼쪽 무릎을 굽혀 왼발을 앞꿈치로 디딘다.
(이렇게 하면 절반은 성공한 셈이다.)

❺ 이번엔 왼발 앞꿈치를 들어 한 발짝 앞으로 내민다. 왼발을 그대로 뒤로 당기면서 동시에 오른쪽 무릎을 굽혀 오른발을 앞꿈치로 디딘다. 이제 양쪽으로 번갈아 반복하면 된다.

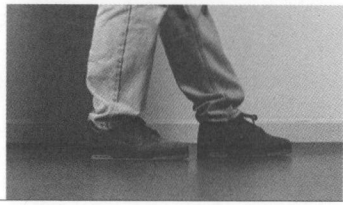

어떤 리더십

지난여름 포천청소년문화의집에서 '청소년이여 낭랑하라'라는 인문 수업을 맡았을 때도 문워크는 큰 역할을 해냈다. 수업 첫날 작은 교실에 들어가니 스무 명 정도의 중학생들이 모여 있었는데 모두 친해 보였다. 하지만 다음 날 넓은 강의실로 자리를 옮기자 학생들 사이의 미묘한 분열이 눈에 띄었다. 아담한 공연장 분위기를 내려고 책상 없이 의자만 자유롭게 배치했더니 의지할 책상이 없어서였을까. 학생들은 자신이 노출되어 있다는 불안감을 느끼는 듯했다. 같은 지역에 살아도 서로 잘 몰라서 그럴 수도 있겠고.

뭔가 조치가 필요했던 상황에서 나는 해결책으로 문워크를 소환했다. 다행히도 효과가 있었다. 각자 추천한 음악 이야기와 랩 연습이 주요 수업 내용이었지만, 모두 한마음으로 경계 없이 어울린 시간은 자리에서 일어나 문워크를 연습하던 때였다.

내 경험상 초등학생 고학년부터 중학생까지는 경계심을 줄이는 데 춤 동작을 함께 배우는 것만 한 게 없다. 이 방면으로 유명한 초등학교 교사이자 유튜버 '현길쌤'은 반 아이들과 수시로 안무를 연습하고 꾸준히 영상을 올려 이 구역의 스타가 되었다. 학생들의 반응은 어떨까?

이전에는 자신이 춤을 좋아하지 않는 줄 알았는데 막상 춰보니 자신감이 생겼다는 아이, 어색한 친구들과 사이가 좋아졌다는 아이…. 한 매체에서 인터뷰한 학생들 얘기를 들어보면 춤이 소통의 역할을

톡톡히 해낸 듯하다.[13]

놀라운 건 소극적인 학생도 처음엔 참여하지 않다가 "이번에는 해 볼까?" 하면서 자연스레 어울리는 모습이다. 현길쌤은 학생들과 짧은 길이의 춤을 연습하고 영상을 촬영하는 활동이 체육 교과의 주요 목적과 통한다고 설명한다. 서로 도우며 동작을 해내는 성취와 즐거움을 경험하고 운동기능도 습득하는 것이다. 나 또한 초등학교 때는 체육활동마다 꼴찌를 도맡았지만, 팝 음악에 어울리는 춤을 좋아한 덕분에 운동기능도 향상되었다. 혼자 마당에서 연습하곤 했을 뿐인데.

교실에서 함께 배우는 춤이 매우 바람직한 교육 수단인 건 확실하다. 그렇지만 춤이 적성에 맞지 않는 교사에게 현길쌤처럼 활동해 보라고 권유하는 건 무리다. 다만 누구든 춤의 효용성이 뽐내기용이 아니라 소통과 어울림에 있다는 점을 알아두면 춤을 다채롭게 활용할 아이디어가 떠오를 것이다.

마이클 잭슨은 춤의 교육적 효용성을 아주 잘 알고 있었던 것 같다. 때는 바야흐로 1983년, 그는 자신의 대표곡 〈Beat It〉 뮤직비디오 촬영 현장에 댄서가 아닌 사람들을 대거 초대했다(대부분 춤에 서툰 이들이라 뮤직비디오 감독이 마이클 잭슨의 제안에 골치를 앓았다는 후문이다).

세게 두드리라는 뜻의 'beat it'은 '싸우지 말고 도망가'라는 뜻으로 통하는데, 전쟁터에서 부대가 후퇴할 때 북을 크게 두드린 데서 나온 표현이다.[14] 댄스와 록 음악의 결합으로 돌풍을 일으킨 이 곡의 음악적 매력과 가치는 따로 언급할 필요가 없을 정도로 널리 알려져 있다. 그런데 이 뮤직비디오에서 폭력배로 출연한 배우 상당수가 실제 갱 단원이었다는 사실은 모르는 이가 많다.

갱을 우리말로 뭐라고 하면 좋을까? 뮤직비디오에 나오는 그들을 보면 건달패라는 호칭이 어울리겠지만 꼭 맞는 표현은 아니다. 갱은 무리를 뜻하는 말이니 '패거리'가 그나마 닮은 꼴이다. 이 패거리가 음악과 춤에 심취하면 남사당패 같은 예술단이 되는 것이고, 혼란한 현실에 휘말려 법의 경계를 넘나들면 건달패가 되는 것이다.

그러니까 갱은 '우르르 몰려다니는 무리' 정도로 이해하면 된다. 안타깝게도 미국 게토 지역의 갱들은 건달패를 넘어 총격전을 벌이는 심각한 범죄단이 되는 경우가 많다. 이런 범죄단의 일원이 되면 '갱스터'로 불린다.

1990년, 미국 서부의 랩 스타들이 모여 〈We're All In The Same Gang〉이라는 곡과 뮤직비디오를 발표한 적이 있다. 지역사회에서 벌어지는 갱 폭력을 멈추기 위해 청소년에게 전하는 메시지가 주제였다. 처음엔 (내용과 어울리지 않는) 제목이 무슨 뜻인가 싶겠지만, 사회적 맥락을 알면 이해가 된다. 이 기념비적인 뮤직비디오에 아무도 한글 자막을 만들지 않았길래 내가 번역하고 자막을 넣은 영상을 인터넷에 올려두었다.

최근에는 1990년대 뉴욕의 전설적인 힙합 음악 그룹 '우 탱 클랜' Wu-Tang Clan의 결성 과정을 재현한 드라마를 재밌게 봤다. 나는 두 눈을 크게 뜨고 다큐멘터리를 학습하듯 꼼꼼하게 시청했다. 드라마 속 주인공은 우 탱 클랜의 리더이자 프로듀서인 래퍼 르자다.

어느 날 감옥에서 출소한 무시무시한 동네 깡패가 르자의 집에 쳐들어와 값비싼 음악 장비와 녹음테이프를 막무가내로 빼앗아 간다.

그러더니 되찾고 싶으면 큰돈을 내놓으라며 으름장을 놓는다. 르자가 음악으로 돈 좀 만진다는 풍문을 들은 것이다. 하지만 게토의 청년들은 경찰에게 도움을 청할 수 없었다. 오랫동안 누적된 앙금과 불신 때문이다.

르자는 어떻게든 혼자서 해결해 보려고 위험을 무릅쓴다. 그러고는 간신히 위기를 모면한 후 자의 반 타의 반으로 갱스터가 되어가는 친구들을 설득해 아홉 명의 우 탱 클랜을 결성한다. 시간이 지나 힙합 음악을 통해 개과천선한 청년은 게토의 청소년들에게 교훈을 주는 어른으로 성장했으며, 지금은 어린이와 청소년 교육을 위한 일에 솔선수범하고 있다.

싸움 대신 춤을 선택하다

90년대 힙합 음악을 상징하는 우 탱 클랜의 영향력은 대단하다. 그들을 재조명하는 현상이 끊이지 않자, 뉴욕시 의회는 관할 구역 한곳에 '우 탱 클랜 지구'라는 이름을 붙이기도 했다. 국내에서는 한 유명 래퍼가 우 탱 클랜을 오마주한 랩 음악 〈Wu〉를 발표해 팬들의 인기를 독차지했다. 학교마다 랩 좀 한다는 이들은 누구나 그 곡을 열심히 연습하는 분위기였다. 2019년에는 미국의 한 유명 가수가 아홉 명으로 이루어진 걸그룹 트와이스의 뮤직비디오를 보며, 멤버 수가 같은 우탱 클랜이 연상된다고 언급해 화제가 되었다.

이렇듯 세계 곳곳에서 매년 그들에게 빠져드는 이들이 속출하건만, 온라인 공간에는 여전히 우 탱 클랜을 막무가내 갱스터처럼 묘사하는 엉터리 소개가 많다. 심지어 근거도 없이 멤버 중 한 명이 활동 중에 총기를 난사했다고 적어놓은 블로그 글도 발견했다.

나는 우 탱 클랜을 좋아하는 청소년들에게 올바른 정보를 주기 위해 〈우 탱은 어린이를 위하여〉라는 다큐멘터리 영상을 번역해 인터넷에 올렸다. '우 탱'은 무협 영화에 등장하는 '무당파'에서 따온 이름으로, 그들의 주요한 창작 동기는 못된 악당을 물리치는 영웅물과 비슷하다. 우 탱 클랜의 한 멤버는 이렇게 말한다.

"우리는 불안한 거리의 현실에 깊이 연루되어 있었고, 무일푼인 부모님에게서 자랐어요. 하지만 저의 내면에는 슈퍼 영웅이 있었습니다. 아직 제 자신의 힘을 발견하지 못한 느낌이었다고 할까요."[15]

다큐멘터리와 영화를 통해 상황을 들여다보면 경찰이 도움을 주지 못하는 지역에서 갱은 자연스럽게 발생한다. 나쁜 짓을 하기 위해서가 아니라, 자신들의 안전을 위협하는 깡패와 범죄에 대항하기 위해 단합하는 모양새다. 그러다 리더가 어떤 마음을 품는지에 따라 갱의 앞날은 달라진다. 이를테면 1971년 12월 미국 브롱크스에서 갱들 간의 평화협정을 성사시킨 '게토 브라더스'라는 청소년 갱은 지역에 봉사하는 '커뮤니티 그룹'으로 분류된다. 반면 거리의 온갖 범죄에 휘말리며 정신을 못 차리는 갱은 '스트리트 갱'이라고 불린다.

다시 마이클 잭슨의 뮤직비디오 배경으로 돌아가 보자. 그는 〈Beat

It〉 뮤직비디오를 제작하면서 스트리트 갱 단원을 80명이나 불러 모았다. 그것도 LA 지역에서 서로 사이가 좋지 않은 갱 단원('크립스'와 '블러드')을 반씩 나눠서 말이다. 때론 누군가의 목숨이 왔다 갔다 하는 살벌한 그들이었지만, 촬영 동안만큼은 '싸움을 멈추라'는 메시지를 담은 노래처럼 평화를 유지했다고 한다. 뮤직비디오 감독은 이렇게 회고한다.

"마이클 잭슨은 갱을 설득하고 경찰의 협조까지 구할 수 있다면 현명한 선도가 될 거라 얘기했어요. 저는 그 아이디어가 마음에 들지 않았어요. 배우와 댄서만 챙기기도 힘든데 말이죠. 마이클 잭슨은 항상 평화를 만드는 방법을 제안했고, 마침내 경찰까지 그의 생각을 따르게 했습니다."[16]

감독은 정말 난처했을 것이다. 시간에 쫓기면서 갱 단원들에게 연기와 안무를 지도해야 했으니 말이다. 실제로 군무 장면을 보면 댄서들 사이에서 동작이 어설픈 갱 단원을 발견할 수 있다. 감독은 아마 촬영이 끝난 후 마지막으로 영상을 점검하면서 서툰 동작이 눈에 띌 때마다 이마를 짚지 않았을까. 덕분에 나에겐 아주 좋은 교육 자료가 생겼다.

나는 소년원과 교도소에서 진행한 대중음악 감상 수업에서 이 뮤직비디오의 제작 에피소드를 상세히 설명해 주곤 했는데, 그때마다 동질감이 깃든 눈빛을 여럿 발견할 수 있었다. 온몸에 진한 문신을 새긴 중학생의 어리숙해 보이던 미소도 떠오른다. 나는 재차 같은 질문을 던진다. "빗 잇이 무슨 뜻이라고 했죠?"

밖에 나가 어지러운 현실에 휘말리며 살더라도 스트리트 갱이 아니라 커뮤니티 그룹의 리더십을 발휘할 수 있기를 기대하면서.

평화를 상상할 수 있다면

마이클 잭슨의 음악을 들을 때 가끔 이런 상상을 한다. 만약 그가 지금까지 살아 있다면, 그래서 러시아의 우크라이나 침공을 봤다면 어떤 일을 도모했을까? 얽히고설킨 외교 관계 속에서 휘청이는 대한민국과 북한의 상황에 대해 어떤 의견을 내놓았을까? 불현듯 이런 궁금증이 들 때면 어김없이 생각나는 장면이 있다.

1999년 6월, 마이클 잭슨은 한국에서 대규모 자선 공연을 펼쳤다. 동료 뮤지션들과 함께한 이 콘서트에서 실물 크기의 탱크가 등장한 장면은 역대급 연출로 화제가 되었다.

무대 위로 진입한 탱크 안에서 불안해하는 군인 한 명이 황급히 뛰쳐나온다. 그는 긴 총을 겨누며 마이클 잭슨을 위협하다가 백합을 닮은 꽃 한 송이를 두 손으로 내미는 어린이 앞에서 어쩔 줄 몰라 한다. 한참 어린이를 노려보던 군인은 총구를 내리더니 털썩 무릎을 꿇고 꽃을 받는다. (2022년 유튜브 채널 '마이클 잭슨 코리아'는 이 장면이 담긴 영상을 공개했다.)

마이클 잭슨은 음악으로 전쟁을 반대하는 메시지를 전한 평화 활동가였다. 오랜만에 이 무대를 다시 보고 있자니 자신의 의지와 상관없이 전쟁터에 끌려 나가는 러시아와 우크라이나의 청년들이 떠오른다. 아주 잠깐이었지만 나도 전쟁의 공포를 느낀 적이 있다. 신병 훈련소에 있는 동안 인천 앞바다에서 북한군과 제1연평해전이 벌어졌을 때다. 세기말 노스트라다무스의 지구 종말 예언이 이렇게 이루어지나 싶을 정도로 훈련소 분위기는 전쟁 직전이었다. 혼돈의 밤, 마침내 무장을 풀어도 좋다는 명령이 내릴 때까지 우린 총을 들고 억울한 표정으로 내무실에 앉아 있었다. 인류는 전쟁의 위협에서 언제 벗어날 수 있을까. 어느새 머릿속에 그의 노래 〈Heal the World〉가 흐른다.

Create a world with no fear
두려움 없는 세상을 만들어요
Together, we cry happy tears
우리는 행복한 눈물을 흘리겠죠
See the nations turn their swords into plowshares
지켜봐요, 모든 국가들이 무기를 쟁기로 바꾸는 걸
We could really get there
우린 정말로 다다를 수 있죠
If you cared enough for the living
소중한 생명에 더 관심을 기울인다면

마이클 잭슨은 고 김대중 전 대통령의 열렬한 팬이다. 김대중의 저서 『옥중서신』 영문판을 읽고 팬이 되었다고 한다. 그는 김대중이 독재정권의 탄압을 피해 미국에 망명 중일 때 관심을 두고 있었고, 훗날 그의 측근에게 부탁해 번역본을 읽었다는 일화도 전해진다. 1997년 11월, 개인적인 일로 한국을 방문한 마이클 잭슨은 김대중을 만나고 싶어 했다. 주변 사람들의 도움으로 만남은 성사됐고 둘은 비공개 자리에서 통일을 주제로 이야기를 나누었다.

그로부터 불과 세 달 후 그는 김대중 대통령의 취임식에 달려왔다. 둘은 오래된 친구 같은 사이가 되었다. 이를 두고 언론에선 "평화와 통일에 대한 두 사람의 열망이 국경을 넘은 우정을 완성시켰다"라고 표현했다.[17] 그 덕분인지 내가 군대 생활에 적응하지 못해 고생하고 있을 무렵 남북 사이는 급격히 화해 분위기로 바뀌었다. 마이클 잭슨이 바랐던 대로 다음 공연은 판문점에서 열리지 않을까 하는 기대도 있었다.

애석하게도 마이클 잭슨은 1999년 6월 25일로부터 꼭 10년이 지난 2009년 6월 25일 세상을 떠났고 한반도의 평화는 요원하다. 내가 할 수 있는 일은 그저 틈틈이 문워크를 연습하며 평화를 위해 헌신하는 이들을 지지하는 것뿐이다.

그의 영혼이 천국에 있다면 아마 그곳에서도 세상을 떠난 가수들을 불러 모아 〈We Are the World〉를 부르고 있지 않을까. 언젠가 이 작은 지구에 총성이 멈출 수 있도록.

We are the world

우리가 세상이고

We are the children

우리가 아이들이죠

We are the ones who'll make a brighter day

우리가 더 밝은 날을 만들 수 있잖아요

So let's start giving

그러니, 나누자고요

There's a choice we're making

우리의 선택이에요

록으로
　　　게임을 이해하다

"〈빌리버〉라는 노래 알아요? 진짜 꼭 들어보세요. 엄청 좋아요."

강연 쉬는 시간에 찾아와 간곡한 눈빛으로 말을 걸어온 아이가 있었다. 지금도 그 표정이 생생하다. 노래 한 곡 추천하는데 그토록 간절한 모습이라니, 마치 내가 소원을 들어주는 요정이라도 된 기분이었다. 아마 주변에 이 노래를 같이 듣고 좋아해 줄 사람이 없었던 것 같다. 초등학교 고학년쯤 되어 보였던 그 아이는 처음엔 나를 "형"이라고 했다가 급히 "선생님"으로 고쳐 불렀다. 무심코 형이라고 부른 건 내가 동안이라서가 아니다. 자신의 음악 세계를 이해해 주는 사람과는 심리적 거리감이 확 줄어들기 때문이다.

1990년부터 지금까지 팝 음악 라디오 방송으로 한결같은 사랑을 받는 〈배철수의 음악캠프〉 애청자들은 일흔이 된 디제이 배철수를 "철수 형님" "철수 오라버니"라고 부른다. 중학교 3학년 때부터 배철수의 음악캠프를 즐겨 들어온 나에게도 그는 철수 형님이다. 음악을 공유하는 사이는 그렇다.

철수 형님은 〈빌리버〉를 들어봤을까? 들어본 정도가 아니라 잘 알고 있을 듯하다. 〈빌리버〉Believer는 미국 록밴드 이매진 드래곤스 Imagine Dragons의 곡이다. 배철수는 이미 2015년부터 이매진 드래곤스 스펠링이 새겨진 반팔 티셔츠를 입고 사진을 찍곤 했다.

해마다 새로 알아야 할 밴드가 늘어나는지라 많은 이름을 죄다 기억하기란 쉽지 않지만, 이매진 드래곤스만큼은 처음 듣자마자 머릿속에 각인되었다. 용을 상상하라니 재밌지 않나. 누군가는 날개가 없는 용을 떠올릴 것이고 누군가는 날개가 있는 용을 그려볼 것이다. 우리나라 팬들은 "상상용"이라는 귀여운 이름으로 부르기도 하지만 귀

여워도 용은 용이다. 그 위세에 걸맞게 이들의 인기는 2010년대를 풍미하며 빌보드를 집어삼켰다고 표현될 정도였다. 세계적으로 록 음악의 돌풍이 잠잠할 때도 이 록밴드만큼은 승승장구했다.

이매진 드래곤스는 록 음악에 각양각색의 사운드를 접목했고, 그 실험적인 결과물을 빈틈없이 라이브로 구현해 냈다. 그들이 쓴 가사에는 인생에 대한 진지한 고민이 담겨 있다. 그들의 음악은 부단한 고뇌와 고동치는 의지로 상상 속의 용처럼 꿈틀댄다. 이매진 드래곤스가 전 세계 팬들의 가슴 속에 거대한 기운을 불어넣는 이유다.

Pain!

고난!

Oh, let the bullets fly, oh, let them rain

총알이 이리저리 빗발치도록 놔둬요

My life, my love, my drive, it came from…

나의 삶, 나의 사랑, 나의 의지가 비롯되도록

Pain!

고난!

You made me a, you made me a believer, believer ✦

고난은 나에게 믿음을 주었습니다

교류 - 록으로 게임을 이해하다

음악의 경험, 게임의 경험

이매진 드래곤스 하면 소환되는 사람이 있다. 좋아하는 록밴드로 이매진 드래곤스를 꼽는 외상외과 의사 이국종이다. 아덴만 여명 작전에서 소말리아 해적들에게 총상을 입고 쓰러진 선장, 판문점을 넘어 귀순하려다 국군의 총을 맞은 북한 병사를 살려낸 의사로 유명한 바로 그분이다.

그는 2010년부터 경기 남부 권역외상센터장을 맡았는데, 촌각을 다투며 응급 환자를 구해야 하는 상황에서 늘 예산과 인력이 부족해 극도의 스트레스에 시달리는 듯 보였다. 특히 응급 헬기에 올라타기 전에 먹통인 무전기를 집어 던지며 소리 지르는 영상은 날 숨죽이게 했다. 또 권역외상센터 운영 문제를 알리기 위해 방송에 종종 출연할 때도 편안한 표정을 지은 적이 없다. 늘 잔뜩 굳은 얼굴로 나타나 근심이 가득한 말투로 얘기했다.

이 정도로 여유가 없다면 어떻게 하루하루를 견뎌낼 수 있을까? 그의 모습은 자유 시간이 극단적으로 부족한 직장인의 표본 같아 보였다. 그는 사무 공간 한쪽에 영화 〈쇼생크 탈출〉 포스터를 붙여놓았다고 했다. 언젠가 지금 맡은 직무를 내려놓으면 저런 해방감이 들 것 같다면서. 영화 주인공이 탈출을 감행하는 감옥 못지않게 무거운 현실이 그를 옥죄고 있는 것이 분명했다.

다행히 그에겐 자유를 충전하는 방법이 있다. 바로 록 음악이다.

외과의사들이 결성한 록밴드의 연주 영상에서 그는 베이스기타 줄을 듬직하게 튕기고 있었다. 나도 책상 오른쪽 고정된 자리에 베이스 기타를 세워두고 있는지라 그걸 보니 반가웠다.

"저 같은 경우도 힘들고 그럴 때가 많은데, 정신 번쩍 드는 음악을 들으면서 힘을 낼 때가 많아요."[18]

한 인터뷰에서 그는 늘 음악인들에게 큰 빚을 지고 있다는 마음이라며, 수술할 때도 음악을 틀어놓으면 종종 도움이 된다고 말한다. 의사들을 위해 '수술할 때 듣는 음악 모음집'이 따로 있는 건 아니겠고, 평소 자신의 집중력 발휘에 도움되는 음악을 감지하고 선별해 놓았기에 가능한 일이다. 어디 의사뿐일까. 누구든지 음악이 주는 효과를 잘 파악하고 활용한다면 행복한 직장인은 못 되더라도 행복한 일상은 누릴 수 있다. 음악으로 현실에서 부족한 자유를 충전하면서 일의 능률도 올리는 것이다.

이처럼 삶에서 음악을 효과적으로 활용하려면 취향을 너무 좁게 한정하면 안 된다. 30대 이상 연령층에게 추천 음악을 받아 보면 애달픈 노래 위주로 좋아하는 분들이 많다. 슬픈 감정이 치밀어 오를 때 그런 노래가 위로를 주는 건 맞지만, 당장 의욕을 살리기에는 적당하지 않다. 10대 중에서도 술집에서 헤어진 이를 그리워하며 술 한잔하는 내용의 구슬픈 노래만 줄곧 듣는 이들이 있다. 이런 청소년들이 취향의 폭을 넓히려면 함께 음악을 감상하며 의견을 나누는 시간이 꼭 필요하다.

우리나라 청소년 사이에서 이매진 드래곤스의 곡은 인지도가 매우 높다. 온라인 게임 '리그 오브 레전드'의 주제곡을 두 번이나 연주하고 불렀기 때문이다. 리그 오브 레전드는 2016년 한 해 동안 매달 평균 1억 명 이상이 접속한 기록을 세웠고, 2022년에는 월평균 접속자가 1억 9천만 명에 달했던, 그야말로 전설적인 게임이다.

나는 제주의 시골 마을 송당리에서 처음 그 게임 이야길 들었다. 함박눈이 마을 전체를 뒤덮었던 2010년 12월, 잠시 초등학생들에게 기초 영어를 가르친 적이 있는데 한 남학생이 게임 이름의 뜻이 궁금하다며 물어 왔다. 그때는 전설들의 동맹 정도로 설명했는데 알고 보니 이름 그대로 전설적인 능력을 갖춘 캐릭터들이 동맹을 맺어 전투를 치르는 게임이었다.

리그 오브 레전드League Of Legends는 스펠링 앞 글자를 딴 '롤'LOL로 불린다. 게임에 도통 무관심했던 나는 이 롤이 90년대 PC 게임의 황금기를 누린 롤플레잉게임인 줄 알았다. 그래도 한국의 게임 역사를 뒤바꿔 놓은 스타크래프트가 무슨 게임인지는 대충 안다. 90년대 말 전국 피시방 컴퓨터 열 대 중 아홉 대에 스타크래프트가 돌아가고 있었다고 하니, 당시 피시방을 가봤다면 모르고 지나칠 순 없었다.

한국 최초로 프로게이머가 탄생한 1998년부터 싹트기 시작한 한국 이스포츠e-sports의 계보는 스타크래프트에서 리그 오브 레전드로 이어졌다. 유명 프로게이머가 TV 광고에 등장하고, 이스포츠 경기가 벌어지는 거대한 체육관이 인파로 가득 찼지만 모두 내 관심 밖의 일이었다. 고작 게임 하나에 왜 저렇게 열광하는지, 못마땅한 시선으로 봤다. 공상과학 영화보다 다큐멘터리를 선호하는 내 성향으로는 가상 세계에 열광하는 모습이 어색했을뿐더러 내심 평가 절하하는 마음도 있었다. 그러다 생각을 바꾸게 된 계기가 있었다.

바로 2014년 한국에서 열린 '리그 오브 레전드 월드챔피언십'이다. 우연히 결승전 영상을 보게 된 나는 홀린 듯 무대 현장 속으로 빠져들었다. 최후의 결승전을 알리는 전통 타악기 연주자들의 크고 작은 북소리가 울리면서 게이머들의 땀과 눈물, 그들의 활약을 지켜보는 관중들의 희로애락을 기록한 영상이 눈앞에 펼쳐졌다.

수많은 이들이 게임을 통해 삶에서 가치 있는 무언가를 경험하고 공유한다는 걸 그때 직감할 수 있었다. 불현듯 지인이 지나가는 말로 툭 던졌던 한마디가 떠올랐다. 나에게 게임에 대한 새로운 관점을 준 말이라 뚜렷이 기억하고 있다.

"난 진짜 … 게임에서 인생을 배웠지….."

웅장한 북소리가 경기장을 가득 메운 지 몇 분이나 지났을까. 이매진 드래곤스가 비장한 모습으로 나타났다. 밴드 보컬은 양손에 북채를 쥐고 힘껏 커다란 북을 두들기며 연주단과 호흡을 맞추더니 마이크를 단단히 움켜쥐고 계단을 내려왔다. 본격적으로 그해의 리그 오브 레전드 주제곡 〈전사들〉Warriors이 울려 퍼지는 동안 결승전에 진출한 프로게이머 열 명은 무대 양쪽 끝에 다섯 명씩 서 있었다.

난생처음 보는 생소한 조합에 난 눈이 휘둥그레졌다. 와, 이거 장난이 아니구나 싶었다. 마치 국가와 민족과 언어를 초월하는 미래 문명의 의식 같아 보였다.

게임에 인간성을 불어넣는 음악

이 공연 이후 한국 청소년 사이에 이매진 드래곤스의 인지도는 급상승했다. 나도 그들의 공연에 매료되어 이스포츠에 대한 부정적인 시선을 말끔히 거둘 수 있었다. 이 영상을 보지 않았다면 2023년에 열린 제19회 항저우 아시안게임에서 이스포츠가 정식 종목으로 채택됐다는 소식에 의아해했을지도 모른다.

게임에 촉각을 곤두세우는 10대들에게 매년 새롭게 발표되는 리그 오브 레전드의 주제곡이나 이매진 드래곤스를 언급하면 다들 눈이 반짝거린다. 그런 분위기를 틈타 게임이 어떤 면에서 도움이 되는지 물어보기도 하는데, 종종 이런 대답이 돌아온다.

"욕이 늘어요."

그럴 때 나는 기다렸다는 듯이 말한다.

"게임을 하는데 자꾸 부아가 치밀고 욕이 나오면 당장 그만두고 다른 걸 하는 게 낫겠어요. 즐기려고 하는 건데 화를 돋운다면 부작용이 심한 거 아닌가요?"

내 말에 학생은 기분 나빠하긴커녕 오히려 키득거리며 동의하는 눈치였다. 그 학생에게 나는 리그 오브 레전드의 10년 역사를 다룬 다큐멘터리 〈리그 오브 레전드, 전설의 시작〉을 추천했다. 이 다큐에는 게임 개발자들의 끈질긴 열정과 고민이 고스란히 담겨 있어서, 인류에게 게임은 과연 어떤 쓸모가 있는지 천천히 곱씹어 보게 된다. 또 하나, 이매진 드래곤스의 음악에 심취해 보라고 권했다. 이매진 드래곤스 멤버들이 게임에서 터득한 삶의 교훈을 강렬한 록 사운드로 전환해 낸 것일 테니까.

몇 해 전 여름 제주도의 한 컴퓨터 박물관에서 기획한 청소년 진로 캠프에 강사로 초대받았을 때다. 여름방학 기간 중 1박 2일로 진행되는 행사였고, 캠프 기획팀은 내게 첫날 환영식 진행을 맡겼다. 엉겁결에 접해본 적 없는 행사를 맡아 걱정이 앞섰다.

나는 미리 학생들의 지원서와 추천 음악을 받아 일일이 들어보고 만반의 준비를 했다. 예상대로 추천곡 목록에는 게임 음악과 일본 음악이 많았다. 그런데 의외로 김광석과 김동률의 서정적인 노래도 섞여 있었다. 음악을 하나하나 감상하면서 두툼한 지원서를 꼼꼼히 읽었다. 학생들은 본명이 아니라 자신이 지은 별명을 사용했는데, '겸손과예의' '건강한홍삼' '누룽지' 같은 우리말 이름이 기억에 남는다.

지원서의 문체는 개성 넘치는 별명만큼이나 제각각이었지만 내용에는 공통점이 있었다. 그동안 게임을 연구하면서 끈기를 기르고 우정을 쌓아왔기에 전국에서 모인 또래들과 긍정적인 경험을 나눌 준비가 됐다는 것이다. '게임' 하면 어두컴컴한 오락실에서 홧김에 용돈을 탕진했던 우울한 기억이 먼저 떠오르는 나에겐 매우 신선한 내용이었다. 적어도 이 아이들은 게임 때문에 욕이 늘 일은 없을 듯했다.

요즘 나는 길고양이의 모험을 소재로 한 어드벤처 게임과 유기견 보호소 운영을 재현한 시뮬레이션 게임을 눈여겨 보고 있다. 둘 다 동물 보호 단체와 협약을 맺고 기부 캠페인도 진행한다고 하니 내 관심

사와도 딱 맞아떨어진다. 이렇게 사회적 가치를 염두에 두고 개발된 게임을 '임팩트 게임'이라고 한다.

　게임의 세계는 알면 알수록 무궁무진하다. 그런 만큼 앞으론 게임을 즐기는 사람들에게 다채로운 영감을 불어넣을 뮤지션의 역할도 더욱 중요해질 것이다. 핸드폰 하나로 곡을 만들고 음반을 발매할 수 있는 시대에도 게임사들은 앞다투어 웅장한 오케스트라 연주회를 개최하고 있다. 게임 팬들에게 예술적인 감동과 따스한 교류의 기회를 주기 위해서다. (2015년에는 게임 음악 〈Baba Yetu〉가 개정 고등학교 교과서 '음악 감상과 비평'에 실려 화제가 되기도 했다.)

성품

음악으로
나다움을 말한다

체코의 수도 프라하를 여행할 때였다. 구석진 골목 지하에 있는 힙합 라이브 클럽에서 우리말로 즉흥 랩을 한 적이 있다. 당시 나는 옛 돌성을 복원하는 국제워크캠프에 참여하러 체코 시골 마을에 가면서 프라하에 들렀는데, 라이브 클럽은 꼭 가보고 싶은 곳이었다. 때마침 클럽에서 오픈 마이크 이벤트도 있다고 해서 호기롭게 신청했다. 그러곤 이내 괜히 신청했나 싶어 초조해졌다. 아는 사람 하나 없는 곳에서 한국말로 랩을 하면 분위기가 썰렁해지지나 않을까 하고.

그런데 웬걸, 막상 무대에 올라 랩을 시작하자마자 다들 눈빛으로 몸으로 얼마나 환호해 주던지 깜짝 놀랐다. 그들은 처음 듣는 한국어 랩을 무척 흥미로워했다.

그 후 캠프를 마치고 프라하로 돌아와 신나게 거리를 쏘다녔다. 전기도 수도도 없는 복원 현장에 3주 동안 꼼짝없이 붙잡혀 있던 시간을 보상이라도 하듯 정신없이 돌아다니는데, 한 소년이 날 빤히 보더니 웃으며 인사를 건네는 게 아닌가. 큰 글씨로 OLD SCHOOL이 박힌 티셔츠를 입은 모습을 보니 힙합을 좋아하는 청소년인가 싶었지만, 어디서 봤는지 도통 기억이 나지 않았다.

그는 한 달 전 라이브 클럽에 들렀다가 내가 랩하는 걸 봤다고 했다. 와우! 어찌나 고맙던지. 둘이 같이 찍은 사진을 오랜만에 꺼내 들여다본다. 그때가 2009년이니 열일곱 살쯤으로 보였던 그도 이제 서른이 넘었을 듯하다. 혹시 내 랩을 듣고 한국 문화에 관심을 가지게 되었을까?

팝과 가장 비슷한 우리말은 '가요'

언젠가 국악 특집 방송을 보는데 판소리의 매력에 푹 빠진 프랑스인들이 나왔다. 그들은 프랑스어로 직접 판소리를 만들어 불렀는데 어라, 말투의 리듬은 '한국적'이었다. 프랑스어 판소리가 한국적으로 들린 이유는 뭘까? 그들이 판소리를 잘 익히기 위해 평소 한국어로 된 판소리를 많이 듣고, 한국어 억양을 흉내 내어 구사했기 때문이다.

이는 대중음악을 이해하는 방법이기도 하다. 대중음악은 미국에서 탄생해 이후 미국과 영국을 중심으로 발전했기 때문에 태생적으로 영어 중심이다. 그렇다고 영어를 잘해야 팝 음악을 잘 들을 수 있는 건 아니고, 가사의 뜻보다 목소리와 발음이 지닌 음악적 느낌을 파악하는 게 중요하다. 그게 바로 우리나라 뮤지션들이 영미권 대중음악을 부지런히 찾아 듣는 이유다.

대중음악은 영어로 파퓰러 뮤직Popular Music이라고 하는데 라디오, 음반, TV 등 대중매체를 통해 불특정 다수에게 인기를 끄는 음악이란 뜻이다. 우리는 보통 영어권의 대중음악을 팝이라 하며 파퓰러 뮤직과 팝 뮤직을 거의 같은 뜻으로 쓰지만, 사실 뉘앙스 차이가 있다.

팝이라는 명칭이 널리 쓰이기 시작한 시기는 1950년대 중반 이후다. 인기 있는 로큰롤 밴드가 공연하는 곳마다 군중이 몰려들어 소위 대박을 터트리자, 폭발적인 흥행을 불러일으키는 음악을 일컬어 팝이라 부르게 되었다. 이후엔 의미가 변해서 '특정 장르의 형식을 파고들지 않고 쉽게 기억하도록 만든 대중음악'을 가리키기에 이르렀다.

케이팝도 정의를 명확하게 따지자면, 특정 장르의 형식을 내세우지 않고 쉽게 기억할 수 있게 만든 한국의 대중음악이라고 볼 수 있는데, 꼭 그렇진 않다. 어느 정도 유명한 한국 노래라면 모두 케이팝으로 불린다. 실제로 통용되는 범위를 보면 팝과 가장 비슷한 우리말은 '가요'다(국어사전에선 가요를 "널리 대중이 즐겨 부르는 노래"라고 설명한다).

말이 나온 김에 조금만 더 따져보자. 재즈는 대중음악의 근간이지만, 대중들이 쉽게 외울 멜로디가 없는 재즈곡이라면 팝 음악이라 부르기는 어색하다. 더욱이 보컬 없이 연주만으로 이루어진 재즈곡이라면 더 그렇다. 하지만 색소폰 연주자 케니 지는 대중적인 멜로디로 이 틈을 메우며 스타가 되었다. 그는 팝 성향의 감미로운 선율을 연주하는 재즈 뮤지션이다. 스무 살 무렵에 난 그의 라이브 음반에 빠져들었다. 긴 곱슬머리의 케니 지가 색소폰을 머리 위로 높이 들어 연주하는 앨범 표지가 내겐 재즈의 첫인상이었다.

한편 재즈 기타리스트 팻 메시니는 그런 케니 지의 인기를 못마땅해했다고 한다. 팝 색소폰 연주자인 케니 지의 음악이 재즈를 대표하는 양 알려지는 것을 싫어했기 때문이다. 케니 지가 재즈의 대가 루이 암스트롱의 곡에 자신의 연주를 덧입혀 음반을 발표하자 독설을 퍼붓기까지 했다. 하지만 90년대 대다수의 청년이 나처럼 케니 지로 인해 대중음악의 전통적인 장르인 재즈에 관심을 기울이기 시작한 건 명백하다. 그 덕에 지금의 나는 재즈에 대한 조예가 깊어져 케니 지의 음악을 재즈로 인식하지 않고 팝에 가까운 음악으로 즐기고 있으니, 이처럼 대중음악과 팝 음악은 섞일 듯하면서 섞이지 않는 용어다. 모든 팝 음악은 대중음악이지만, 대중음악이 곧 팝 음악은 아니다.

각자의 추억을 보듬는 팝

오늘날 대중음악사에서 팝 음악을 대표하는 이는 누구일까? 킹 오브 팝! 예나 지금이나 팝의 황제는 마이클 잭슨이다. 그의 위치를 대체할 사람은 영원히 나오지 않을지도 모르겠다. 하지만 현재 우리나라 청소년에게 가장 친숙한 팝 가수를 꼽는다면 얘기가 달라진다. 브루노 마스, 찰리 푸스, 저스틴 비버, 아리아나 그란데… 머릿속에 여러 명이 후보로 떠오르지만 나는 영국 태생의 앤 마리를 꼽고 싶다.

한국 팬들이 붙여준 앤 마리의 별명은 아주 특별하다. 일명 '호날두의 반대말'. 호날두와 앤 마리 사이에 무슨 인연이 있기에 이런 별명을 얻었을까? 2019년 7월 어느 날로 거슬러 올라가 보자. 축구선수 호날두가 한국에 초청되어 경기를 뛴다는 소식으로 전국이 떠들썩하던 때다. 그를 볼 수 있는 서울월드컵경기장 티켓 6만 5천 장이 금세 완판될 정도로 분위기가 뜨거웠다.

그러나 그는 경기를 단 1초도 뛰지 않았다. 심지어 경기 전에 개최된 사인회조차 참석하지 않았다. 감독이 대신 전한 이유는 "컨디션이 좋지 않아서"였다. 호날두의 '노쇼 사태'는 수많은 팬의 원성과 '날강

두'라는 별명을 남기고 마무리되는 듯했으나, 분노한 4천여 명의 관람객들은 주최사에 티켓 환불을 요구하는 대규모 민사소송을 걸었다. 모든 게 주최사의 과도한 욕심에서 비롯된 잘못이었다며 호날두를 옹호하는 팬들도 있었지만, 소송 결과를 살펴보니 호날두의 처신에 모두가 충분히 실망할 만하다고 느껴졌다.

법원도 호날두를 내세운 주최사의 광고가 과장이나 허위는 아니라고 판결했다. 국가대표 차출이나 부상 정도의 사유가 아닌 이상 호날두가 경기에서 45분 이상 뛰지 않으면 축구팀이 5억 원 상당의 위약금을 내야 한다는 내용이 계약서에 별도로 기재되어 있었기 때문이다.[19]

그로부터 몇 년 뒤, 한 중학교 교양수업에 참여한 학생이 호날두가 불참한 경기를 보러 갔다는 말을 꺼냈다. 그는 분을 삭이지 못한 듯 "호날두는 범죄자예요."라며 씩씩대기까지 했다. 2년이나 지났는데 마치 두 달 전 겪은 일마냥 울화가 터지는 모양이었다. 나는 범죄자란 표현에 화들짝 놀랐다. 그래도 범죄자는 너무한 말 같다며 타이르고 앤 마리의 일화를 들려주며 위로했다. 앤 마리의 별명이 '호날두의 반대말'이 된 이야기다.

호날두의 노쇼 사태가 벌어진 바로 다음 날, 앤 마리는 자신의 공연을 기다리는 한국 팬들을 위해 인천에서 대기하고 있었다. 그의 이름이 공연 포스터 맨 위에 가장 큰 글씨로 자리 잡을 정도로 당시 앤 마리의 인기는 최고였다. 공연은 축제의 둘째 날 밤 9시로 예정되어 있었다.

그런데 축제가 시작되기 일주일 전부터 기상청은 악천후를 예보했고, 안타깝게도 예보는 절반이나 적중했다. 앤 마리의 공연 당일은 오후 내내 폭우와 강풍이 멈추지 않았다. 공연은 단축되거나 연이어 취소되었다. 팬들은 비를 피할 장소도 마땅치 않은 진흙투성이 행사장에서 버텼다. 다행히 저녁부터는 날씨가 잠잠해져서 그들은 공연을 계속 기다렸지만, 무대로 올라온 주최 측 관계자는 뮤지션의 요청으로 공연이 취소되었다고 통보했다.

그러나 팬들은 이내 주최 측 말과 전혀 다른 입장을 듣게 된다. 그날 밤 앤 마리가 트위터에 글을 올린 것이다. "제 결정이라고 전달했다니 믿을 수 없군요! 저는 공연하고 싶었습니다. 하지만 무대가 망가져 누구라도 죽으면 내 책임이라는 동의서에 서명하라니!!!!!!"

소통 과정에서 오해가 있었던 걸까. 이후 주최 측은 그런 서명을 요구한 적이 없다고 밝혔고 앤 마리도 게시물을 삭제했다. 그렇게 혼란스러운 해프닝으로 축제가 끝나는 줄 알았던 관객들에게 예상치 못한 일이 생겼다. 공연이 취소된 그날 밤 11시, 앤 마리가 SNS에 게시물을 올린 것이다. 그는 밴드 연주자들과 찍은 짧은 영상으로 놀라운 메시지를 전했다.

"우리가 호텔 라운지를 빌렸어요. 곧 11시 30분에 공연을 시작할 거예요. 티켓은 필요 없습니다. 어서 오세요."

앤 마리가 〈2002〉를 부를 때, 팬들은 미리 접어두었던 노란색 종이비행기를 일제히 무대 위로 날려 보냈다. 팬들은 행여나 뾰족한 종이비행기가 그의 몸에 부딪힐까 봐 끝부분을 안쪽으로 접어 날렸다고 한다. 앤 마리는 후렴구를 부르는 도중 비행기가 날아오자 휘둥그레진 눈으로 두 손을 모아 쥐고 미소를 지었다. 마침 호날두가 날강두라는 별명을 얻고 떠난 지 이틀밖에 지나지 않은 때라서 그랬을까. 공연 후 그는 '호날두의 반대말'이라는 특별한 별명까지 얻게 되었다. 〈2002〉는 그해 국내 주요 음원 차트에서 연간 1위를 차지했다. 해외 곡으로는 유례없는 일이었다.

> Oops, I got 99 problems singing bye, bye, bye
> 이런, 무려 99개의 문제가 있어, 잘 가라며 노래해
> Hold up, if you wanna go and take a ride with me
> 잠깐, 나랑 차를 타고 떠나기를 원한다면
> Better hit me, baby, one more time ✨
> 나한테 연락하라고, 한 번 더

이 노래엔 앤 마리의 호쾌한 성품이 그대로 묻어나서 들을 때마다 밝은 햇빛을 쬐는 기분이 든다. 〈2002〉를 알게 된 건 2018년 7월 제주의 한 중학교에서였다. 신기한 건 그해 나는 전국으로 활발히 강의를 다녔는데 이 곡은 단 한 번 추천받았다는 사실이다.

그런데 이후로는 앤 마리 노래를 추천하는 청소년들이 하나둘 늘더니, 이젠 전국 어디서나 그의 사진을 화면에 띄워놓으면 "우와 앤 마리다." 하고 소리치며 반기는 목소리를 듣는다. 앤 마리는 어떻게 10대들의 마음에 자리 잡은 걸까?

그의 노래는 영어를 이해하지 못하는 이들에게도 텔레파시처럼 말을 붙인다. 오히려 가사에 집중할 때보다 자기만의 추상적인 감성으로 해석해 들으면 더 큰 즐거움을 느끼게 되기도 하니, 멜로디와 리듬

을 타고 각자의 추억과 낭만을 섬세하게 끌어올려 봐도 좋겠다. 앤 마리의 영상에 달린 댓글이 이런 나의 감상을 정확하게 표현한다.

"추억은 사람마다 다 다르게 간직하고 있겠지만, 앤 마리 〈2002〉의 밝고 명랑한 멜로디를 듣고 있으면 뭐든 할 수 있을 것 같았던 그 시절을 잠시나마 다녀오는 그런 뭉클한 느낌이 들어요."[20]

진정한 완벽은 나다움

앤 마리는 노랫말에 재밌는 암호를 심어놓았다. 예전에 자신이 즐겨 듣던 노래 제목이나 가사 일부를 인용한 부분이 있어서 마치 숨은 그림처럼 찾아낼 수 있다. 이를테면 〈2002〉 가사에 나오는 '99 Problems'와 'bye, bye, bye'는 각각 래퍼 제이 지와 보컬 그룹 엔싱크의 히트곡 제목이다. 이렇게 추억을 떠올리며 노래한 앤 마리의 진한 감정은 언어를 초월해 10대들에게 고스란히 전달된다.

그가 우리에게 깊은 인상을 남긴 일은 또 있다. 2020년 일본의 욱일기 문양이 역사적 문제가 되는지 몰랐다며 사과의 말을 남긴 것이다. 욱일기 문양의 머리띠를 이마에 두른 두 명의 방송 진행자들과 함께 찍은 사진이 한국인들 사이에 논란이 되었는데, 본인이 직접 착용한 건 아니었지만 사과하는 모습으로 그의 성정을 보여주었다. 일본의 욱일기를 싫어하는 한국인을 가리켜 역사를 모르는 차별주의자라며 성을 내던 어느 유명 팝 가수와 비교되는 모습 아닌가.

여러모로 우리나라와 각별한 사이가 된 앤 마리는 한국 팬들이 보낸 궁금증에 답하는 인터뷰 영상을 따로 찍기도 했다. 그는 사랑스러움의 비결을 묻는 질문에 어쩔 줄 몰라 하며 그저 친절한 사람이 되기 위해 노력한다고 답했다. 상대방이 지금까지 살면서 어떤 일을 겪었는지 모르니 일단은 친절하게 대해야 한다는 의미다.

앤 마리의 친절은 팬에게만 베푸는 단순한 호의가 아니다. 그는 온갖 외모 품평으로 그를 조롱하는 이들에게도 관대한 태도를 보인다. 내가 보기엔 흔히 남성보다 여성에게 쏟아지는 비난의 화살이 더 다양한데, 그중 외모에 대한 시비가 가장 많다. 대체 누가 왜 앤 마리 외모에 이러쿵저러쿵 시비를 거는 걸까?

2017년 세계여성의날을 맞아 국내 여성 알바 노동자 495명을 대상으로 설문조사를 했더니 근무 중에 고객이나 다른 직원, 사업주 등으로부터 외모 품평을 경험한 비율이 무려 98퍼센트에 달했다. 심지어 매장에서 주스를 판매하는 알바를 뽑으면서도 외모에 자신 있는 여성만 연락하라는 사례까지 있었다.[21]

가수의 경우에도 남성보다 여성을 향한 외모 품평이 월등히 공격적이고, 앤 마리도 이런 불쾌한 현실을 피할 수는 없었다. 그는 자신의 두 다리를 두껍다며 조롱하는 이들에게 "내 두 다리가 뉴욕보다 더 컸으면 좋겠다."라는 입담으로 반격한다. 자기 몸 전부를 사랑한다고, 과장된 화장은 하고 싶지 않다고, 자신이 잡지 모델일 필요는 없다고 외친다. 그 응답이 바로 〈Perfect to Me〉라는 노래의 가사와 뮤직비디오다.

    이 뮤직비디오에는 남과 다른 신체나 외모 때문에 괴로움을 겪는 남성들도 등장한다. 쓸데없이 외모를 품평하는 악플러를 향한 따끔한 일침이자, 그들에게 깨달음을 전하는 지혜로운 친절이다. 자신이 준 불편함에 대해선 성의 있게 사과하고, 유머와 입담으로 진정한 완벽이란 자기다움이라는 메시지를 전하는 그의 태도와 노래는 배려가 부족한 우리 사회에 단비가 된다.

>
> Love every single part of my body
> 사랑한다고, 내 몸의 모든 곳을
>
> Top to the bottom
> 머리에서 발끝까지
>
> I'm not a supermodel from a magazine
> 난 잡지에 나오는 슈퍼 모델이 아니야
>
> I'm okay with not being perfect
> 아무 문제 없어, 완벽하지 않아도
>
> 'Cause that's perfect to me ✧
> 그게 나에겐 완벽한 거니까

chapter 10.

지역

힙합은
풀뿌리 문화운동이다

혼자서 터득하는 즐거움

남매 듀오 악뮤가 전문적인 교육을 받지 않았는데도 음악을 잘한다며 천재라고 치켜세우는 사람들이 있는데, 나는 그 말에 동의하지 않는다. 악뮤가 뛰어난 건 맞지만 대중음악은 원래 스스로 터득하는 게 보편적이다. 대중음악이 상업적으로 큰 시장이 되고 오디션이 많아지면서 전문 교육기관도 늘어났다. 하지만 대중음악 세계에서 '창작'만큼은 전공과 무관하다.

애니메이션 〈라따뚜이〉 OST를 부른 영상으로 엄청난 조회수를 기록한 스텔라장을 보자. 그는 중학교 1학년 때 프랑스 유학길에 올라 대학에서 생명공학을 공부하며 자취방과 기숙사에서 자신만의 음악을 만들었다. 10대 시절에는 빅뱅 음악을 들으며 래퍼를 꿈꿨지만, 20대에 들어서 포크와 발라드 기반의 음악을 만들고 노래하는 싱어송라이터로 방향을 바꿨다. 그러곤 11년 만에 귀국해 본격적으로 음악 활동을 시작했다.

그즈음 나는 종종 마음에 드는 거리공연 영상을 찾아 수업 시간에 아이들과 같이 보곤 했다. 당시 나에겐 한 가지 불만이 있었는데, 바로 손에 쥔 핸드폰을 보면서 노래를 부르는 공연자가 늘어나는 모습이었다. 연주를 하는 것도 아닌데 최소한 가사 정도는 외워서 불러야 하는 것 아닌가?

노래방을 수시로 드나드는 청소년을 만나면 가장 좋아하는 노래

세 곡 정도는 외워 부르라고, 그래야 정성을 들이는 감각을 키울 수 있다고 조언하는 나로선 가사를 보는 습관이 거리공연까지 침투한 듯해 영 못마땅했다. 저렇게 핸드폰에서 눈을 떼지 않는 버스킹이 늘어나면 나의 조언은 한낱 잔소리처럼 여겨질 것 같았다.

반면에 통기타를 연주하며 노래하는 스텔라장의 모습은 청소년들에게 충분히 깊은 인상을 줄 거라 생각했다. 예상은 적중했다. 그는 래퍼가 꿈이었던 싱어송라이터답게 요즘 10대들의 보편적인 리듬감에도 잘 맞는 노래를 만들고 불렀다.

한 중학생이 추천하고 모두가 들으며 환호했던 스텔라장의 노래가 있다. 한번 들으면 잊기 힘든 〈월급은 통장을 스칠 뿐〉이라는 현실적인 제목이 인상적이다. 한 달에 한 번 마음을 가득 채워주지만 눈 깜짝할 새 사라져 버리는 상대를 매일매일 손꼽아 기다린다는 가사는, 고전적인 연애 소설처럼 애틋하면서 코미디 각본처럼 웃음이 배어 나오게 한다.

월급을 손꼽아 기다리는 이라면 누구나 단박에 공감할 것이다. 만약 무심한 어조로 푸념하듯 부르는 이 노래를 듣자마자 자연스럽게 흥얼거리고 있다면 자신의 가능성을 가늠해 보길 바란다. 스텔라장처럼 자신이 겪은 일과 감정을 곡으로 변환할 능력이 잠재해 있지 않을지.

자기만의 음악을 만들고 싶은 사람은 어떻게든 스스로 익혀나가기 마련이다. 부족한 건 틈틈이 학원에서 배우거나 개인 지도로 보완하면 된다. 죽이 되든 밥이 되든 일단 방에서 혼자 시작하면 뭐라도 결과물이 나온다.

오디션 열풍 속에서 균형 잡기

이렇듯 독학으로 해도 수준급으로 발전할 가능성이 크기 때문일까? 대중음악 시장에는 온갖 종류의 오디션이 범람하고 있다. 음악시장은 매년 새로운 스타가 필요하니 뛰어난 실력에 상품성까지 갖춘 인물을 구하는 데 혈안이 되어 있다.

한편 내가 몰두하고 있는 프리스타일 랩은 거대한 자본 시장과는 관련이 없어서, 나만의 콘텐츠를 사람들에게 알려나가는 방식을 실험 중이다. 2022년 여름부터 1분 분량의 프리스타일 랩 영상을 찍어 SNS에 올리고 있다. 심혈을 기울여 한 달에 하나씩 올리는 게 목표인데, 지금까지 30개 정도 된다. 그 영상을 보고 먼 곳에 사는 낯선 이가 나에게 쪽지를 보내왔다. 나이지리아에서 태어나 지금은 사우디아라비아에서 지내고 있는 청소년이었다. 그는 케이팝 오디션에 참가해 보고 싶다며 나와 이런저런 이야기를 이어갔다. 랩을 연습하는 요령을 알려달라고도 해서 발음법을 짧게 녹음해 보냈더니 무척 기뻐했다.

케이팝 오디션이 널리 알려진 덕분에 나 같은 사람도 이렇게 호의를 베풀고 호감을 살 수 있게 되었다. 하지만 난 여전히 오디션이 범람하는 현상이 영 마땅찮다. 심지어 유명 오디션 프로그램에서 활약했던 사람들을 불러 모아 또 새로운 오디션을 만든 방송국도 있다. 예전 방송에서 충분히 두각을 나타냈지만 활동을 지속하지 못한 가수들을 한자리에 모았다나 뭐라나. 참가자들에겐 재도약의 기회겠지만 끝도 없이 등수를 매기는 무한 경쟁의 굴레에 숨이 막혔다. 오디션 최강자에서 1차 무대 탈락자가 되어버린 참가자의 뒷모습이 내겐 너무나 쓸쓸하다.

지난날을 돌이켜 보면 나는 랩이든 춤이든 상업적인 오디션의 입김에 별 영향을 받지 않고 내 방식대로 즐겨왔다는 안도감이 든다. 힙합이라는 언더그라운드 문화 덕분이었다. 허름한 지하실 공연장에서 열창하는 래퍼와 디제이, 공원 한쪽에서 기술을 연마하는 댄서들의 열정은 그야말로 삶에 대한 찬사였다. 힙합을 느끼며 고개를 끄덕이는 동안만큼은 무한 경쟁 사회라는 커다란 오디션 현장에서 탈출할 수 있었으니까.

그런 내가 래퍼들의 각축전인 〈쇼미더머니〉에 열광할 리 없었다. 하지만 하이라이트는 꼬박꼬박 챙겼는데, 랩 실력을 키우려면 꾸준히 보고 듣고 연구해야 했다. 한 번에 3만 명씩 지원하는 이 프로그램에서 매회 기술적인 랩의 진보가 이루어졌기 때문이다.

그렇게 1천 명 중 한 명을 골라내는 치열한 경쟁에서 한국어 랩의 기술은 빠른 속도로 발전했다. 최종 우승 후보까지 올라간 어느 래퍼의 가사는 일부만 따라 불러도 금세 혀가 얼얼해질 지경이었다. 까다로운 기술을 표현하기 위해 평소에 쓰지 않는 혀 근육을 사용해서였다. 혀가 충분히 적응할 때까지 반복해서 연습한 뒤에야 비로소 나는 마흔이 넘어도 새로운 랩 기술을 습득할 수 있다는 사실에 안도감이 들었다.

〈쇼미더머니〉가 이끈 랩 음악 열풍은 2017년 〈고등래퍼〉로 이어졌다. 이러다 중등래퍼나 초등래퍼까지 나오는 게 아닌가 싶을 만큼 열기가 뜨거웠다. 나는 그런 시류에 못마땅해하면서도 부지런히 들여다봤다. 막상 뚜껑을 열어보니 때로 고약하게 느껴질 정도로 공격성이나 과시를 드러내는 랩이 많았던 〈쇼미더머니〉보다 가사 내용이 다채로웠고 10대 특유의 불안한 심리를 나타내는 서정성은 깊은 울림을 주었다. 청소년들이 뿜어내는 열정이 온 감각을 자극했다.

특히 〈고등래퍼2〉에서 티셔츠 차림에 어리숙한 표정으로 등장한 열여덟 살 '김하온'은 내 랩의 부족한 점을 돌아보게 했다. 그의 등장은 '서태지와 아이들'을 처음 봤던 때와 견줄 정도로 강력한 충격을 주었다. "진리를 찾아 떠나 얻은 걸 바탕으로 예술을 하고픈 18세 여행가이고 취미는 명상"이라고 자기를 소개하더니, 명료한 목소리로 그의 내면이 담긴 랩을 또박또박 뱉어냈다.

안녕 나를 소개하지

이름은 김하온, 직업은 트래블러

취미는 타이치, 메디테이션, 독서, 영화 시청

랩 해 더 털어, 너 그리고 날 위해

증오는 빼는 편이야, 가사에서 질리는 맛이기에

(중략)

생이란 왜 이토록 허무하고 아름다운가

왜 우린 우리 자체로 행복할 수 없는가

우린 어디서와 어디로 가는 중인가

원해 이 모든 걸 하나로 아울러 주는 답 ✧

나는 중학교 교실에서 가끔 이 가사를 랩으로 직접 들려주며 학생들에게 열여섯 살쯤 되면 이런 철학적인 고민을 시작하게 될 거라고 말한다. 그러면 집중도가 확 오른다. 고등학생들에게는 이렇게 말해주기도 한다.

"오늘 하루가 왠지 허무하게 느껴질 때, '생이란 왜 이토록 허무하고 아름다운가'를 읊조리면 저는 힘이 나더라고요."

동감의 표시로 나를 지그시 바라보며 고개를 끄덕이던 한 학생의 표정이 떠오른다. 동시에 고등학교 1학년 때 동네 서점에서 문고판 『수레바퀴 밑에서』를 꺼내 읽던 그 시절 내 모습이 겹쳐 보인다. 문제집을 사러 간 곳에서 헤르만 헤세의 소설에 더 이끌렸던 당시의 나도 이런 말을 하고 싶었던 것 같다. 책 속에서 오랫동안 나를 기다려온 문장을 만나듯, 열여섯 살의 나는 20여 년이 흘러서야 내 안에 잠겨 있던 말을 꺼내주는 랩을 만나게 되었다.

나만 그랬던 건 아니었던 모양이다. 이후 10대들이 김하온의 랩을 빗발치게 추천하기 시작했다. 아이돌 음악 못지않게 판도가 휙휙 바뀌는 랩 음악이지만, 특히 그의 랩 〈붕붕〉은 꾸준한 사랑을 받고 있다. 그가 2017년에 발표한 곡을 2022년 12월 구미의 한 중학교에서 1학년 학생이 불렀을 땐 꽤 놀랐다. 이 곡이 처음 나온 시기는 그 학생이 초등학교 2학년 때다. 5년간 음원 순위에서 흥행한 랩 음악을 헤아리면 수십 곡에 이를 텐데, 오래된 곡이 그의 마음에 각인된 이유는 뭘까. 나는 쥐고 있던 마이크를 학생 손에 넘겨주고 황급히 노래방 반주 음악을 검색했다.

속 시원하게 뱉어버린 한숨들은 추진력이 되었고
슝 하고 뛰쳐나간 날 너는 어떻게 보고 있어?
나, 나 삐끗하고 떨어지던 와중 펴, 펴버린 날개를 타고
치, 치워버린 것들의 위로 비, 비행 아닌 비행을 하며
뛰, 뛰어 구름들을 즈려밟고 바람이 발등의 위로 불어도
푸르구나 우리들은 두 날개로 날아가는 중 ✦

이 곡은 혼자 부르기 쉽지 않다. 랩 끝부분에 노래가 불쑥 끼어들면서 속도가 순간 느려지기 때문이다.

"이건 둘이 나눠서 불러야 좋은데, 같이 부를 사람 또 없나요?"

나는 강연을 듣고 있던 전교생을 찬찬히 둘러보았다. 짧은 정적 끝에 한 학생이 번쩍 손을 들었다. 둘은 서로 모르는 사이였지만 그 자리에서 부를 부분을 나누고 완창했다. 중간중간 다소 주춤거리긴 했지만 자연스러운 반응이었다. 전교생 앞에서 합을 맞추며 끝까지 부르는 모습은 마치 청춘 영화의 한 장면 같았다.

이렇게 학생들의 목소리로 들으면 이 곡이 오래도록 사랑받는 이유를 알 수 있다. 발랄하면서도 진지하고, 즐거우면서도 쓸쓸한 감성이 순간순간 교차한다. 이렇듯 혼합된 감성은 방황하고 고민하는 10대들의 심리적 색채와 잘 어울렸다.

"갑자기 부르면 실력 발휘가 잘 안될 거예요. 하지만 오늘 잘 안되면 내일은 분명히 더 잘됩니다. 그렇게 내공이 쌓여가는 거죠. 잘 부르네 못 부르네 하는 생각보다는 이 친구들이 앞으로 계속 노래와 잘 어울려 살면 좋겠다는 친절한 마음으로 들어주세요. 자, 시작하겠습

니다. 마이크를 바로 쥐세요."

체육관을 꽉 채운 학생들은 내가 당부한 대로 장기 자랑이나 오디션의 시선으로 평가하지 말아 달라는 말을 잘 이해해 주었다. 앞서 이런 당부를 하지 않으면 어떻게든 놀림거리를 찾는 학생들은 무조건 고래고래 괴성을 지르다가 불쑥 "불합격입니다"와 같은 비아냥을 툭 던지기 일쑤다. 우리의 일상을 오디션처럼 만들 필요는 없다.

제주에서 만난 힙합 문화
: 세계적으로 생각하고 지역적으로 행동하기

김하온은 고등학교 1학년 때 자퇴한 '학교 밖 청소년'이었다. 그는 자퇴 계획서를 부모님에게 제출하고 허락을 구했다. 자퇴 계획서에는 자퇴를 고민하는 이유와 자퇴 후 시간을 어떻게 보낼 것인지 구체적으로 썼다. 만약 주변에 학교 다니는 것이 힘들어 무작정 그만두고 싶어 하는 학생이 있다면 김하온의 자퇴 계획서가 좋은 본보기가 될 수 있다. 아래는 그 계획서의 일부다.

"아직은 덜 뚜렷한 나의 색깔을 찾고 어떤 식으로 나를 표현해 낼지 연구하고, 성장 및 진화한다. 큰 부담이 되지 않는 알바를 구해서 필요한 것을 사고 저축한다. 독서를 생활화하고, 방 안에만 갇혀 있지

않는다."²²

종종 "학교 너무 다니기 싫어요!"라고 외치는 청소년을 학교에서 만나면 김하온의 자퇴서 이야기를 들려준다. 그러면 돌연 차분해지고 눈빛이 깊어진다. 고등학생으로 돌아간다면 나도 자퇴 계획서를 써보고 싶다. 쓰면서 온갖 한계와 어려움을 인식하게 될 테고 자연스레 깨닫는 바가 생기지 않을까? 현실의 벽 앞에서 어려움을 맞닥뜨린 청년들에게 김하온의 조언은 도움이 될 것이다. 스무 살이 된 그는 어느 인터뷰에서 이렇게 말했다. 열심히 준비하면서 '이거 아니면 죽는다'고 여기진 말고, 마음의 균형을 잡아야 한다고.

쇼미더머니 돌풍이 부는 가운데 나는 청소년 교양 강사라는 직업 면에서 오디션 프로그램 덕을 톡톡히 봤다. 랩 음악을 찾아 듣는 학생들이 많아진 만큼 강연을 요청하는 곳도 늘었다. 특히 내가 애정을 쏟았던 '제주힙합'을 소개할 때는 보람이 컸다. 나는 첫 책 『랩으로 인문학 하기』에서 힙합은 오디션이 아니고 삶이라는 주제 의식을 풀어냈고, 그 생각을 실천하기 위해 제주의 작은 언더그라운드 공연장에서 '제주힙합 포럼'이란 행사를 기획했다. 2014년에 시작해 2년 동안 스무 번 정도 진행했으니 거의 매달 열린 셈이다.

제주힙합 포럼은 미국의 비영리재단에서 운영하는 강연회 테드 TED를 본보기로 삼았다. 힙합과 관련해서 자신이 관심 있는 주제로 간략하게 발표하거나 퍼포먼스를 시연할 수 있게 했다. 마지막에는 바닥에 얼기설기 둥그렇게 서서 사이퍼를 즐겼다. 쇼미더머니 같은 방송에서는 래퍼들이 일렬로 서 있고 한 명씩 순서대로 나오는 방식을 사이퍼로 소개하는데, 이는 무대를 위해 본래 성격과 다르게 연출된

형태다. 랩이든 춤이든 사이퍼는 원처럼 둘러서서 순서 없이 돌발적으로 진행하는 것이 문화적 원형이다.

포럼에는 제주대학교의 음악 동아리 '블랙다이아몬드' 학생들도 함께했다. 이 동아리가 놀라운 건 다른 대학 학생은 물론이고 대학생이 아닌 또래 청년까지 회원으로 받는다는 점이었다. 그 방침은 제주 정서의 일면을 드러냈다. 또 청소년 힙합 동아리와 20대 청년 힙합 모임이 언더그라운드 공연장에서 교류하며 재미난 일을 도모하는 활동도 자연스러웠다.

이런 어울림은 다른 지역에 귀감이 되었다. 실제로 충북 청주에서 힙합 교육 활동을 막 시작한 청년들이 제주힙합 현장을 견학하러 오기도 했고, 경기도 의정부에서 지역 힙합 운동을 이끌기 위해 고민하는 청년이 찾아온 적도 있었다. 힙합에 담긴 '세계적으로 생각하고 지역적으로 행동하는 풀뿌리 정신'을 공유하고 싶은 이들이 각지에서 관심을 보여주었다.

그런데 안타깝게도 방송 오디션이 열기를 더해가면서 제주힙합이라는 공동체 의식이 점점 와해되어 갔다. 힙합 문화에서는 랩만 중요한 게 아닌데, 대중들 머릿속엔 어느새 '힙합 = 쇼미더머니'라는 공식이 각인되었다. 그럴수록 제주힙합이라는 정체성이 점점 흐릿해져 간다는 느낌을 받았다. 급기야 2017년 〈고등래퍼〉가 등장하자 제주힙합은 예전 분위기를 잃고 말았다. 랩 좀 한다는 중학생들의 목표는 〈고등래퍼〉에, 랩 실력에 자신 있는 청년들의 목표는 〈쇼미더머니〉에 출연하는 것이었다. 랩을 좋아한다면 그냥 각자 열심히 연습해서 오디션에 지원하면 된다는 식으로, 정서적인 판이 바뀌었다. 작은 공연장에

제주힙합 포스터

제주힙합 포럼 참가자들

지역 - 힙합은 풀뿌리 문화운동이다

모여 힘을 합쳐 지역문화를 만들어가는 형태의 교류는 시간 낭비일까?

힙합의 전통은 오래된 미래

힙합은 동시대 문화 아이콘으로 뜨거운 반향을 일으키고 있지만 제대로 이해하기란 쉽지 않다. 음악과 춤, 패션을 넘어서 사람들과 어울리는 방식이기 때문이다. 무엇보다 나에게 힙합은 문화운동이다. 왜 힙합이 문화운동인지 설명하려면 옛날로 거슬러 올라가 배경부터 풀어야 한다.

1970년대 게토라고 불리던 브롱크스에는 폭력적인 갱 문화를 평화로운 파티 문화로 바꾸려 한 선구자들이 있었다. 그들은 음악에서 타악기 연주가 집중되는 구간을 끊임없이 반복하는 디제잉 기술을 통해 놀라운 문화현상을 이끌었다. 이 움직임은 미국 정부가 나 몰라라 하던 척박한 지역 게토에서 10대 청소년의 창조성을 폭발시키는 기폭제가 되었다.

그들은 무술처럼 보이는 춤을 추고, 낙서 같은 그림을 그리고, 라디오 진행자들의 말투를 흉내 내며 랩을 했다. 당시엔 이런 낯선 문화현상을 한마디로 표현할 말이 없었는데, 이후 이 모든 행위를 아울러 힙합이라 부르게 되었다. 힙합의 네 가지 요소를 디제잉, 브레이킹, 엠씽,

그라피티 라이팅이라고 하는 이유가 여기에 있다. 초기에는 랩하는 사람을 엠씨, 랩하는 행위를 엠씽이라 했는데 랩을 하는 이가 사회자처럼 긴 시간 동안 대화를 이끌면서 즐거운 분위기를 조성하는 역할을 했기 때문이다.

그런데 랩을 주요 보컬로 내세운 힙합 음악은 그 자체만으로 엄청난 상품성이 있어서 본래의 힙합 문화운동과는 점차 거리가 멀어져 버렸다. 미국의 비영리단체 비보이 서미트B-BOY SUMMIT의 소개 글에는 이런 아쉬움이 절절히 묻어난다.

"힙합에는 긍정적인 롤모델이 필요합니다. 힙합을 통해 성장한 이들은 미국에서 나온 가장 긍정적인 문화로 힙합을 꼽습니다. 힙합은 계속 청소년들의 관심을 끌지만, 안타깝게도 힙합이란 운동이 일어난 시기에 전파한 평화, 사랑, 화합의 긍정적인 교훈은 보이지 않습니다. 우리가 추구하는 힙합은 청소년의 참여를 독려합니다. 건강한 예술적·신체적·사회적 발달을 지원합니다. 함께 모입시다. 우리 문화와 공동체, 운동의 다음 단계를 탐구하고 축하합시다."[23]

2023년은 공식적으로 힙합 50주년이 된 해다. 그해 8월 나는 강원도 춘천의 힙합 50주년 기념 파티에 강연자로 초대받았다. 힙합과 니체 철학을 연구하는 래퍼 데스티니가 춘천 지역의 대학 힙합 동아리 청년들과 뜻을 모아 준비한 자리였다. 그곳에서 나는 50주년이 된 힙합의 정서에도 전통의 미덕을 추가할 때가 되었다는 의견을 냈다.

춘천의 한 중학교에서 힙합 50주년 파티 이야기를 들려주면서 그때를 기록한 영상을 보여주었더니, 학생들은 홍대 앞에서나 있을 법한 행사를 지역에서 열었다는 사실에 놀라워하며 귀를 쫑긋했다. 이처럼 초창기 힙합의 문화운동 방식을 현재 상황에 맞춰 재현한다면 지역사회 곳곳에서 재미난 일들을 기획할 수 있다.

대구에서 활동하는 래퍼 탐쓴은 여든이 넘은 나이에 한글을 깨친 경북 칠곡군 할머니 여덟 명에게 랩을 가르쳐주고 공연을 기획했다. SNS에서 그들의 랩 영상에 쏟아진 호응은 웬만한 인기 연예인을 뛰어넘는다. 무엇보다도 깜짝 놀란 건, 호기롭게 랩을 구사한 할머니들이 성인문해교육을 통해 이제 막 한글을 깨친 학생이라는 사실이었다. 당신의 이름은 꾹꾹 눌러쓰는 분들이 랩으로는 그런 힘을 발휘하다니! 랩이 구술문화라서 이런 이변이 가능했다.

> 부녀회장 감투가 겁나 무거워,
> 허리 휘고 다리 아파 어깨도 무거워,
> 주민들의 미소로 다시 힘을 내,
> 힘을 내서 앞으로 다시 한 번, 예 ✽

평소 당신들의 생활을 그대로 옮긴 활기찬 가사는 힙합에서 강조하는 진솔함을 그대로 구현해 냈다. 누군가는 칠곡 할머니들의 랩 영상을 보고 댓글에 이렇게 썼다.

"힙합, 아직 안 죽었다."

힙합 장르 음악 인기가 정점을 찍고 나서 하락하는 낌새가 보이자 마니아들 사이에 힙합이 죽었다는 표현이 속출하고 있는데, 이런 분위기를 반영한 댓글이었다. 당연히 힙합은 죽을 리가 없다. 힙합은 본래 풀뿌리 문화운동에서 시작되었으니까.

chapter 11.

책임

랩으로 쏟아낸 말말말,
주워 담을 수 없다

우리 곁에 다가온 힙합
: 랩으론 무슨 이야기든 풀어낼 수 있으니까

경기도 화성의 한 고등학교 도서관에서 내 또래의 사서 교사와 신나게 프리스타일 랩을 주고받은 적이 있다. 강연 시간 직전이어서 학생들이 하나둘 모일 때였다. 일찍 온 학생들은 잠시 어리둥절해했지만 바로 눈빛으로 분위기를 맞춰주었다. 사서 교사는 학교에서 겪은 일을 쉴 새 없이 랩으로 쏟아냈다. 교사 생활의 어려움을 토로하는 글들은 자주 봐왔지만 이때처럼 직접 와닿은 적은 없었다.

수능시험이 끝난 고3 문화예술 프로그램에서 진행한 랩 사이퍼도 생생하다. 평생 랩과는 담을 쌓아왔을 듯한 중년의 교사가 학생들의 성화에 마지못해 마이크를 잡았는데, "얘들아, 졸업해도 잊지 마!" 하며 첫 리듬을 타자 학생 모두가 감탄하며 환호했다. 2023년에는 KBS 전국노래자랑 무대에 올라온 일흔 살 참가자가 랩을 근사하게 해내 그야말로 전국적인 화제가 되었다. 사회자 김신영도 무대 중앙에서 손을 높이 들어 올려 "풋쳐핸섭!" 하며 맞장구쳤다. 관중들도 손과 고개를 움직이며 편안하게 리듬을 탔다. 노년의 참가자가 부른 곡은 1997년 가요계에 데뷔한 윤미래의 〈검은 행복〉이다.

90년대부터 (랩을 표면에 앞세운) 힙합 음악은 우리 생활과 점점 밀접해졌고, 젊은 세대의 행동 양식과 사고방식에도 큰 영향을 끼쳐왔다. 힙합 음악의 놀라운 융합력 덕분이다. 힙합 리듬을 구상할 땐 세상의 모든 소리가 샘플링 대상이고, 랩으로는 무슨 이야기든 풀어낼 수 있으니까. 고개를 끄덕이며 욕만 툭툭 내뱉어도 바로 랩이 될 정도다.

그래서인지 랩을 하는 사람들 입에선 평소 자주 사용하는 비하 발언이 곧잘 튀어나온다. 프리스타일 랩 모임을 하다 보면 맞닥뜨리는 상황이다. 비하 발언도 시대에 따라 변화가 있다. 최근에는 한 청년이 "네가 사는 아파트는 주공, 내가 사는 아파트는 강남" 이런 랩을 하길래 바로 이해가 되지 않아 의아했다. 주공이 뭐지?

모임을 마치고 궁금해서 검색해 보았다. 앗! 알고 보니 내가 사는 곳인 주공아파트를 가리키는 말이었다. 순간 기분이 떨떠름해졌다. 그 친구가 강남에 살지 않는다는 것도, 단지 요새 흔히 통용되는 표현일 뿐이었다는 것도 나중에야 알았다. 당시 이용자 수가 많던 대형 온라인 커뮤니티에 올라온 한 게시물 제목을 보고 나선 더욱 당황스러워졌다.

"주공아파트에 사는 사람들을 뭐라고 비하하지?"

랩을 하는 시공간은 정제되지 않은 온갖 언어가 범람하기 일쑤다. 그로 인해 피로감이 밀려오지만 때론 쓸 만한 정보가 되기도 한다. 힙합이라 불리는 랩 음악의 주요 수요층은 10대 중반에서 20대 중반 사이의 남성들이다.

그들 사이에 오가는 이야기를 살피면(근래에 어떤 내용의 랩 음악이 호응을 얻고 있는지), 그들의 불만과 불안의 성격을 직시할 수 있고 이와 관련한 사회적 갈등을 이해하는 데 도움이 된다. 대통령 선거철에는 랩 사이퍼 모임에서 특정 후보 지지 발언도 종종 듣는다. 그러면 나는 일단 주의 깊게 듣다가 슬쩍 끼어든다. "워워, 후보 지지하는 랩은 한 번

씩만 합시다. 이러다 싸움 나요."

나는 랩 모임을 주선할 때면 사전에 과도한 욕설이나 불쾌감을 줄 수 있는 표현은 자제해 달라고 부탁한다. 모임을 알리는 공지 포스터에 '12세 이용가'라는 이용 등급 표시를 붙이기도 한다. 그런 내 성향에 거부감이 없는 이들만 모여서인지 과도한 비하 발언은 거의 나오지 않는다. 그래도 상투적인 여성 비하 표현만큼은 걸러지기 힘들다. 남성이 겁쟁이를 여성에 비유해 온 역사가 너무나 오래되었기 때문이다.

시대를 막론하고 '여자애 같다'는 표현은 남자애를 놀리거나 조롱할 때 가장 흔한 표현으로 사용되었다. 대개 똑바로 대들지 못하고 뒤에서 흉만 본다거나 과감하게 뛰어들지 않고 겁을 내며 움츠린다는 이미지를 동반하는데, 한마디로 편견과 비하가 담긴 프레임이다. 요즘 한국 래퍼들의 소극적인 행태가 너무 답답하다며 불만을 표하는 남자들은 한국 힙합 판이 여자고등학교 같다는 의미로 '국힙여고'라는 신조어도 만들어냈다.

나는 사회적 약자에 대한 감수성을 키우려면 여러 종류의 '강함'을 인식하고 그 다양한 힘에 감동해야 한다고 생각한다. 약하거나 강한 것을 정의하는 기준은 상대적이다. 신체적으로 나약해도 강한 정신력을 지니고 있다면 우리는 그 사람을 강인하다고 인식한다. 어쨌거나 남자들은 자신은 강하고 상대는 약하다는 걸 표현하기 위해 여자들을 끌어들이는 데 익숙하다.

나는 군대에서 선임병이 후임병을 욕할 때 "년"이라고 내뱉는 걸 듣고 충격을 받았다. 왜 남자들끼리 저렇게 욕하는 걸까. 무척 의아했지만 그게 사회적으로 만연한 표현이라는 걸 나중에 알게 되었다. 그 말은 남자들 사이에서 만만하다고 여겨지는 또래나 아랫사람을 뭉갤 때 쓰인다.

번화가 한복판을 걷다가 어떤 남자가 옆의 친구에게 큰 소리로 "이 년이!" 하는 소리도 들었다. 친구가 얼굴을 찡그리며 길에서 그런 말은 하지 말라고 다그치자 상대방은 오히려 뭐가 문제인지 따져 묻기까지 했다. 나는 하도 기가 막혀 그를 멍하니 쳐다봤다.

2010년대 중반쯤부터 우리나라 랩 음악에 여성을 비하하는 영어 단어가 속출했다. 우리말 랩에서 '비치'bitch와 '푸시'pussy를 지겹도록 듣게 된 것이다. 미국 랩 스타들의 언행을 베끼는 것이지만 미국에서도 이런 단어는 쓰지 않으려고 노력하는 래퍼들이 적지 않은 상황이다.

나는 꼭 랩에 욕이나 비하 표현을 쓰고 싶다면 차라리 우리말로 하는 게 낫다고 생각한다. 그 미묘한 맥락과 (민감한 반응을 불러올 수 있는) 함의를 잘 알지도 못하면서 미국의 유명 래퍼들이 자주 쓴다는 이유만으로 습관처럼 따라 하는 건, 자기 언어에 대한 책임을 회피하는 행위다.

랩으로 무슨 이야기든 풀어낼 수 있지만?

세계에서 가장 유명한 래퍼 중 하나로 꼽히는 카니예 웨스트는 가수 테일러 스위프트를 언급하는 가사 한 줄에 비치를 넣었다가 한바탕 난리를 치렀다. 카니예는 테일러에게 미리 승낙받고 쓴 표현이라고 했지만, 정작 당사자는 그런 적이 없다고 반박했다. 둘의 공방전은 팬들끼리의 다툼으로 번져 일파만파 퍼져나갔다. 맥락상 비하의 뜻으로 사용하지 않았는데도 말이다. 그만큼 상황에 따라 논란의 여지가 많은 욕설이다.

그에 비해 푸시는 가벼운 비속어다. 하지만 우리나라 래퍼들에겐 오히려 비치보다 여성 비하의 함의가 더 또렷하게 인지되는 단어다. 영어 사전은 푸시의 뜻을 이렇게 풀이한다. "여자처럼 나약한 청년."

마침 마이무나 유세프(미국의 유명 여성 래퍼이자 싱어송라이터)가 푸시라는 말을 쓰는 이들을 향한 불만을 랩으로 풀어낸 동영상이 있길래 댓글을 남겼다. 가사를 알려줄 수 있냐고. 얼마 지나지 않아 그는 전체 가사를 담은 댓글을 달아주었다. 나는 가사를 번역해 동영상에 자막을 입혔다.[24]

> But they only call you pussy to imply that you weak
> 그들은 너를 나약하게 만들기 위해 푸시라고 부르지
> But pussies are the hardest things walking the streets

하지만 푸시들은 거리를 걷는 가장 강한 자들이야
Let me see you give birth, snap back, come see me
아이를 낳고, 회복하고, 다시 돌아오고
I never met this weak woman it seems that you believe in
난 만난 적이 없어, 네가 나약하다고 믿는 여자를

푸시를 우리말로 옮긴다면 '기집애'가 가장 적절할 듯하다. (표준어는 '계집애', 기집애는 전라북도 방언이지만 지금은 전반적으로 기집애를 쓰는 경우가 훨씬 많다.) 가수 씨엘도 2013년 자신의 첫 홀로서기를 알리는 곡 제목을 〈나쁜 기집애〉라고 지었다. 나약하지 않은 여성상을 표현하고 싶었다고 한다. 영어로는 "THE BADDEST FEMALE"로 표기했는데, '나쁜'을 뜻하는 단어 'bad'가 '아주 멋진'으로도 해석된다는 점을 염두에 둔 제목이다.

씨엘은 2009년에 4인조 걸그룹 투애니원 멤버로 데뷔한 가수이자 래퍼다. 1993년 국내 언론에 '걸그룹'이라는 명칭이 처음 등장하고 1998년부터 2002년까지 1세대 걸그룹이 전성기를 누렸다. 투애니원은 이후 등장한 2세대 걸그룹으로, 소위 '삼촌 팬'을 주 대상층으로 삼았던 걸그룹들 사이에서 주체적이고 당찬 이미지로 활약했다.

"우린 해야 할 일도, 하고 싶은 일도 많습니다. 아시아 여성들이 앞으로 나와 세상을 바꿀 때가 됐다고 생각합니다."

2012년 프랑스 칸 국제광고제에 초대된 자리에서 씨엘이 한 말이다. 짧지만 함축적 의미가 담긴 한마디에서 그의 고민과 시선이 느껴져 긴 여운이 남았다.

책임 - 랩으로 쏟아낸 말말말, 주워 담을 수 없다

투애니원은 소속사와 진통을 겪으며 2016년 말에 강제로 해체되었다. 그로부터 3년 후 걸그룹이 3세대에서 4세대로 전환되는 시기에 씨엘은 '나쁜 기집애' 모습으로 돌아왔다. 마치 귀양을 가서 내공을 쌓고 돌아온 귀환자 같다고 할까. 세계 곳곳에서 팬들이 그를 반겼고, 씨엘은 투애니원 해체 시기부터 3년간 적어온 일기 형식의 앨범을 완성해 들려주었다.

앨범 수록곡 중 〈+안해180327+〉에는 누군가에 대한 분노의 심정을 직설로 담았는데, 편안함을 주는 멜로디와 깔끔한 느낌의 보컬로 자칫 무거운 의미로 보일 수 있는 가사를 익살스럽게 표현했다. 팬들은 전 소속사에 대한 일침이라고 해석한다.

안 해
너 없이 나 원래 잘해
얻다 대고 지금 탓해
그렇게 안 봤는데 너 진짜 치사해
안 해 질려 지겨워 그만해
여기까지가 내 한계
이렇게 이겨서 뭐해
안 해 너 다 해 ✧

이 곡의 뮤직비디오에는 씨엘이 등장하지 않는다. 대신 각양각색의 외국인 댄서 여섯 명이 특정한 안무 없이 가볍게 흥을 즐긴다. 이렇게 다양한 외모의 인물상을 미디어로 접하는 경험은 아주 중요하다. 수업에서 만난 학생들의 경우 겉모습으로 남성스러움과 여성스러움을 판단하는 등 외모에 대한 선입견이 의외로 완고했기 때문이다.

나와 친한 한 댄서는 제주도의 초등학교에서 영어를 가르치면서 수년째 아이들에게 "남자예요? 여자예요?"라는 질문을 받곤 한다. 그는 아프리카계 미국인이다. 흔히 말하는 중성적인 캐릭터도 아닌데 왜 그런 질문을 많이 받는지 모르겠다.

또 한번은 청소년 대상 열린 노래방 행사에 미국 국적 싱어송라이터를 초대한 적이 있다. 그는 유럽인 외모의 금발 여성으로, 한국 여성의 평균 체격보다는 다소 건장한 편이었지만 누가 봐도 여성이라고 인지할 만한 모습이다. 그런데 초등학생 고학년 몇 명이 여성인지 남성인지 감을 못 잡겠다며 의아해했다. 나는 진지하게 고민에 빠진 아이들의 모습을 보고 당혹스러웠다.

외모에 대한 선입견이 쌓이면 화면에 등장하는 사람마다 외모를 평가하느라 바빠진다. 군대에 있을 때 한 선임병이 가요 순위 방송을 보다가 갑자기 큰 소리로 욕하며 펄쩍 뛰었던 순간이 떠오른다. 화면에 얼굴이 클로즈업된 젊은 여성 관객의 외모가 못생겼다는 게 이유였다. 화면 속 관객이 그의 막말을 들을 수 없다 해도 그렇게 반응하는 건 인격 모독이 아닌가.

그 기억 때문인지 소규모로 음악 감상 수업을 할 때 나는 평소보다 좀 더 엄격한 태도를 취한다. 화면 속 사람을 보고 못생겼다, 잘생겼다, 뚱뚱하다, 말랐다 등 외모와 관련해 이러쿵저러쿵하는 학생이 있으면 틀어놓은 영상을 멈추고 주의를 준다. 그런 다음 외모보다 음악과 전체적인 연출에 집중해 달라고 요청하며 처음부터 다시 감상한다. 주의를 받은 쪽도 대개는 습관적으로 툭 튀어나온 말이라 그렇게 주의를 주면 감상 태도가 훨씬 나아진다.

그런 의미에서 〈+안해180327+〉를 감상할 땐 비교적 편했다. 다들 물감이 묻은 작업복 차림으로 다채로운 표정을 짓는 댄서들을 관찰하는 데 빠져 있어서 잔소리할 필요가 없었다. 씨엘은 이 뮤직비디오에 대해 짧은 글을 SNS에 남겼다. 모두와 소통하고 싶다는 메시지를 담아서.

"My creative language is for everyone"

다 함께 즐기는 힙합

그는 공식 뮤직비디오에 무려 16개국 언어로 자막을 넣었다. 독일어, 프랑스어, 말레이어, 태국어 등 원하는 자막을 선택할 수 있다. 무엇보다 이 뮤직비디오의 주요 언어는 청각장애인이 쓰는 수어다. 화면에는 크레파스로 꾹꾹 눌러쓴 귀여운 한글 가사가 형형색색의 글자로 튀어나오고 댄서들은 춤을 추듯 그 가사를 표정과 수어로 전달한다. 수어를 하는 몸짓이 편안하고 근사해서 누구든 '나도 좀 배워볼까?' 하는 생각이 절로 들게 된다.

방탄소년단도 〈Permission to Dance〉에서 '즐겁다, 춤추다, 평화'

를 뜻하는 세 가지 수어를 안무에 활용했다. 아이돌그룹 비투비는 〈그리워하다〉라는 곡을 발표하면서 청각장애인 청소년과 함께 수어로 전달하는 영상을 따로 제작했다. 이 노래는 발매된 해인 2017년에 자주 추천받았는데, 2023년 여름에도 포천의 한 중학교에서 이 곡을 언급하는 학생이 있어서 무척 반가웠다. 그 학생과는 수어 영상에 관한 이야기도 진지하게 나누었다.

생각해 보면 마흔 해 넘게 살면서 청각장애인과 대화할 기회가 거의 없었다. 2013년 서울 시청에서 '세계 인권의 날' 청소년 특강을 맡았을 때 청각장애인 청소년 몇 명이 찾아와 당황했던 기억만 있다. 현장에 수어 통역사가 없어서 내가 설명한 내용이 어떻게 전달되었는지 모르겠다. 이후 〈+안해180327+〉 〈그리워하다〉 〈Permission to Dance〉를 연이어 만나면서 배려가 부족했던 그날의 행사는 아쉬운 기억으로 남아 있다.

수어 영상을 보던 난 문득 청각장애인들의 삶이 궁금해졌다. 다큐멘터리를 찾아봤더니 놀랍게도 우리나라에 청각장애인 힙합 댄서와 수어 래퍼가 있었다. 처음에 난 '농인'이란 말이 예의 없는 표현인 줄 알았는데, 오히려 청각장애인들이 선호하는 지칭이라는 사실도 새롭게 알았다. 장애의 개념이 아니라 그냥 청각을 '사용하지 않는' 농인과 청각을 사용하는 청인으로 구분할 수 있기 때문이라고 한다.

청각을 사용하지 않는다고 해서 음악을 즐기지 못하는 건 아니었다. 전 세계 농인들이 모이는 프랑스 축제에선 시끌벅적한 파티가 열렸고, 농인들은 신나게 춤을 추었다. 원초적인 음악의 형태는 리듬이다. 다른 감각이 발달한 농인들은 몸을 울리는 진동으로 리듬을 느끼고 춤을 즐길 수 있었다.

2022년 영국에서는 농인 및 청각장애인을 위한 디제이 워크숍이 처음으로 진행되었다.[25] 청각장애인의 파티 문화를 위해 탄생한 단체와 청소년의 음악 활동을 지원하는 곳이 함께 추진하는 프로젝트다. 언젠가 우리나라에도 이 같은 워크숍이 열린다면 꼭 참여하고 싶다. 사회에서 은연중에 배제되는 구성원을 고려하는 모임이 많아진다면 우리도 지금보다 더 다양성을 존중하는 분위기에서 다정한 세상을 꿈꾸게 될 것이다. 수어를 포함해 최대한 많은 언어로 소통할 수 있도록 제작된 씨엘의 〈+안해180327+〉처럼 말이다.

사실 나는 이 곡을 들을 때마다 드는 생각이 있다. 부당한 일에 '안 해요'라고 말하기가 얼마나 힘든지 느끼게 된다.

2019년 한 일간지의 첫 장이 1천여 명의 이름으로 빼곡히 채워진 적이 있었다. 그해 1월부터 9월까지 산업재해로 목숨을 잃은 노동자들의 이름이었다. 안타깝게도 9년이 아니라 단 9개월 동안 일어난 사고였다. 그 신문사는 과감히 1면 광고 수익을 포기하고 참담한 노동 현실을 알리는 결단을 내렸다.

당시 우리나라 산업재해 사망률은 OECD 회원국 중 1위였다. 접근하기 힘든 곳에 기기를 설치하거나 교체할 때 건물 아래로 추락할 위험이 있다면 노동자는 당연히 작업을 거부해야 한다. 안전 장비를 갖춘 후 다시 방문하면 될 일이지만, 대다수는 고객과 회사를 상대로 '위험해서 안 된다'고 말할 수 없는 상황을 맞닥뜨린다. 산업재해의 부당한 위험에 맞서는 노동자들이 당당하게 "안 해!"라고 말할 수 있는 세상이 되기를 바란다.

연대

너와 나의
　　연결고리

"어? 이 래퍼는 누구예요?"

이따금 강연에서 우주한의 〈우주트랩〉 뮤직비디오를 보여주면 학생들은 놀란 얼굴로 질문을 던진다. 우주한은 미국에 살며 겪은 부정적인 경험을 랩으로 유쾌하게 풀어내는 래퍼로 한국인 부모 밑에서 태어난 미국인이다. 랩 가사를 보면 그의 부모는 만리타국에서 차근차근 경제적 자립을 일궈낸 이민자로 묘사되어 있다.

랩을 할 때 그는 한국어를 몇 마디씩 섞기도 하지만 우리말에 능숙하진 않아 보였다. 개인 SNS 게시물에도 짧은 한국어 단어만 간간이 등장했다. 그런데 웬걸, 뮤직비디오에 나오는 그의 모습은 한국인 그 자체다. 왼쪽 가슴에 태극기가 붙은 티셔츠를 입고 다양한 인종의 친구들에게 한국 과자와 음료를 대접한다. 영어로 랩을 하지만 배경에는 세종대왕 초상화와 훈민정음 원본 사진이 깔려 있다. 심지어 커다란 태극기를 망토처럼 두르기도 한다.

〈우주트랩〉 가사에는 교포로 살아가며 수없이 느꼈을 고충이 담겨 있다. 사람에 따라 차이는 있겠지만, 만약 나도 미국에서 태어나고 성장한 한인 2세였다면 그와 비슷한 심정을 느끼지 않았을까. 처음 이 뮤직비디오를 발견하고 빠져들 듯 감상했을 땐 미국 교포를 주제로 다룬 책 여러 권을 읽은 느낌이었다. 그의 삶으로 흡수되는 간접 경험을 제대로 한 것이다.

Ching Chang Chong?
칭챙총? (동아시아 사람을 비하하는 표현)
I'll keep it trilly, Some of you sounding real silly

솔직해야겠어, 네가 내는 그런 소리 정말 어이없어
All of your "HOOWAH, HIYA" got me like really?
"후아, 하이야"라고 하면, 내가 좋아할 거 같아?
I'm guessing that it's my mistake
아마도 내가 잘못 판단한 거 같아
For thinking that people can do better
사람들이 더 나아질 수 있을 거라 생각했거든
Knew better? (you better chill)
나아졌다고? (진정해)
I refuse to be your Jet Li
난 너의 '이연걸'이 아니야
I refuse to be your Jackie Chan
난 너의 '성룡'이 아니야

래퍼로서의 일

뮤직비디오에는 미국 교포들에게 아주 중요한 상징물이 등장한다. LA 코리아타운의 상점 간판 탑이다. LA 코리아타운이 어떤 곳인가. 1992년 4월 29일, 전례 없는 폭동으로 씻을 수 없는 상처를 입은 장

연대 - 너와 나의 연결고리

소다. 당시 미국 정부는 경찰의 심각한 인종차별 사건이 일어나자, 언론을 이용해 아프리카계 미국인과 한국인의 갈등을 부추기는 방법으로 회피하려 했다. 게다가 '아이스 큐브'라는 랩 스타는 꼴 보기 싫은 한국인을 혼내주겠다는 과격한 랩을 발표하기도 했다.

수개월 후 1만여 곳이 넘는 교민 상점 중 60퍼센트가 불길에 휩싸이거나 약탈당하고 말았다. 경찰은 이런 결과를 예상했지만 코리아타운을 철저히 외면했고 부자들이 거주하는 비버리힐스 같은 동네만 지켜주었다.

한편 LA에서 이 모든 사건을 보고 들은 사람 중 힙합 음악을 좋아하던 한인 2세 고등학생이 있었다. 훗날 한국 가요계를 랩으로 뒤흔들게 된 '타이거 JK'다. 그는 한국인을 욕하는 아이스 큐브의 랩에 발끈해 학교에서 그 랩 가사의 잘못된 점을 조목조목 반박하는 논문을 발표했다. 그리고 이를 계기로 유명 랩 페스티벌에서 마이크를 잡을 기회를 얻었다. 행사에서 그는 태권도를 연상시키는 즉흥 랩을 구사해 호응을 이끌었고, 지역 라디오 방송국에도 초대받아 소외된 한인 사회를 변호할 수 있었다. 전쟁 같은 폭동이 휩쓸고 지나간 다음이었다.

우리 교민들은 전쟁과 다름없는 상황에서 평화의 의지를 역사에 남겼다. 사태가 일어났을 때는 살상을 금지하는 자경단을 만들었고, 폭동이 휩쓸고 지나간 다음에는 10만 명의 평화 행진을 이끌었다. 그들은 이 비극의 책임을 아프리카계 미국인에게만 돌릴 수는 없다고 생각해 이후부터는 폭동이라 부르지 않기로 한다. 그냥 '4.29'로만 기억하자는 쪽으로 의견이 모아졌다.

플렉스라는 이미지 너머

우주한은 LA에서 아프리카계 미국인들의 '블랙 라이브스 매터'Black Lives Matter 시위 행렬을 찾아갔다. 2020년 6월의 일이다. 현장에는 풍물 악기를 연주하거나 한글로 "숨을 쉴 수 없어요."라고 적은 피켓을 들고 행렬에 동참하는 한인들이 있었다. 이날 한인뿐만 아니라 무려 4천여 명에 이르는 아시아계 미국인들이 사회 정의를 촉구하며 LA 시청 앞에 모였다. 동양인을 무시하는 아프리카계 미국인이 적지 않다며 이 운동을 맹비난하는 사람도 있었지만, 나는 우주한이 SNS에 남긴 의견에 하트를 눌렀다. LA 폭동의 상처를 치유로 전환한 1992년의 평화 행진 기록 영상이 떠올랐기 때문이다.

"우리에겐 피보다 더 가까운 블랙 친구들이 있어요. 우리는 그들에게서 영감을 받았습니다. 그들의 고통을 듣고 가만히 있을 수 없어요."

내가 우주한에게 유독 끌리는 이유는 특정 랩 장르에 대한 내 마음의 벽을 허물어주었기 때문이다. 바로 오랫동안 머릿속에 삐딱하게 박혀 있던 '트랩'이라는 장르에 관한 이야기다.

트랩은 대중음악 전반에 대유행을 일으킨 비트 장르였지만 나는 미간을 찡그리며 꾸역꾸역 들어왔었다. 리듬이 재밌어서 어떻게든 익히고 싶었는데, 음악을 둘러싼 분위기가 나와 영 맞지 않아서였다. 아마도 '플렉스'(사치 부리며 과시하는 행위)라는 소비 행태가 녹아 있어 이 질감을 느낀 듯했다.

트랩 장르에는 남부럽지 않게 돈을 벌어들이고 펑펑 소비하는 모습을 대놓고 자랑하거나, 부자가 되고 싶은 욕구를 과장해서 표현하는 가사가 많았다. 뮤직비디오엔 돈이 최고라는 듯 지폐 더미를 흩뿌리며 플렉스를 외치는 래퍼들이 대거 등장하곤 했다. 하지만 우주한은 달랐다. 능수능란하게 트랩 비트를 타면서도 친구들과 한국 과자 파티를 벌이며 친근하게 즐기는 흥을 보여주었다.

플렉스flex는 사전적 의미로 '몸의 일부를 구부린다'는 뜻이다. 준비운동으로 몸을 푼다는 의미, 뽀빠이처럼 양팔을 구부리며 힘을 자랑한다는 뜻으로 쓰이는 이 말은 힙합 음악에서 '과시하며 뽐낸다'는 표현으로 확장되었다. 랩 가사를 통해 플렉스라는 표현이 널리 퍼진 건 1990년대 초반부터다.

처음부터 그리 유별난 소재는 아니었다. 미국에서 힙합이란 양식은 게토라는 사회적으로 고립된 동네를 중심으로 유지되었다. 그런 곳에서 범죄에 연루되지 않고 부를 이룬 자는 동네의 자랑거리였다. 중학생 나이에 크고 작은 범죄에 엮여도 그다지 특이한 일이 아니었으니 말이다.

음악 시장에서 대성공을 거두고 플렉스를 즐기는 래퍼들은 동네 사람들을 위해서도 돈을 많이 썼다. 돈다발을 한 뭉치 챙겨 가서 용돈 좀 달라고 졸졸 쫓아다니는 아이들에게 일일이 나눠 줄 정도였다. 반면 우리나라 래퍼들은 플렉스 이미지를 가져오면서 위 사례처럼 구체적인 내용을 모방하진 않았다. 대신 '나는 해낼 수 있다'며 잠재력을 끌어올린 게토의 창조성과 다소 거칠어도 개구쟁이처럼 씩씩하게 도전하는 기운을 우리 상황에 맞춰 접목했다. 한편 인터넷 동호회에서는 철학적 사색과 문장력을 갖춘 미국 래퍼들의 가사가 번역되어 알려졌고 래퍼들에게 본보기가 되었다.

2010년 이후 미국 음악 시장에서 갈수록 자극적인 랩들이 막강한 흥행력을 발휘하자 몇 년 사이 한국에도 큰 변화가 찾아왔다. 게다가 사회 양극화가 심해지면서 게토 청년들의 불안한 심리가 반영된 가사와 상황이 한국의 청춘들이 안고 있는 불안과도 맞아떨어졌다.

뛰어난 피아노 연주 실력과 작곡 능력을 갖춘 래퍼 창모는 이런 불안감을 떨쳐내고 싶은 욕구를 직설적으로 표현해 랩 스타로 부상했다. 그는 〈돈 벌 시간〉이란 믹스테이프 첫 곡에서 서민을 벗어나긴 어렵다며, 서민은 빚 없이 대학에 갈 수 없고 잘나가 봐야 국산 중형 승용차나 뽑을 수 있다는 랩을 한다.

수동 변속기 경차를 타는 데다 대체로 뚜벅이 생활을 하는 난 이 랩을 듣고 순간 멍해졌다. 서민이란 말을 저렇게 부정적인 표현으로 써도 되나? 내가 서민의 뜻을 멋대로 해석해서 마냥 친근하게만 여겼던 걸까?

『조선왕조실록』에 나오는 서민은 양반 아닌 평민을 일컫는 말이다. 벼슬이나 권력이 없는 사람들 말이다. 그걸 현대사회에 대입하면 특권층과 부유층을 제외한 국민이 된다. 내가 알고 있는 서민의 정의다. 그런데 국어사전을 검색하니 이런 설명이 나와 있었다. "경제적으로 중류 이하의 넉넉지 못한 생활을 하는 사람."

랩 가사에 등장하는 서민의 뜻이 내 생각과는 차이가 크다는 것을 알았다. 경제적 성공을 좇는 래퍼 무리뿐 아니라 이제는 모든 청년에게 서민이란 두 글자는 그저 벗어나야 할 초라한 지위에 불과한 걸까. 어쨌거나 앞으로도 저 가사를 좋아하게 될 일은 없을 것 같다. 나는 플렉스를 하는 래퍼보다 서민의 품위를 표현하는 래퍼를 좋아하는 사람이니까.

자기 모습을 있는 그대로 음악에 담는다는 것

미국에서 존경받는 래퍼 커먼은 그의 노래 〈더 피플〉 뮤직비디오에서 간소한 옷차림으로 길거리에서 사람들과 정겹게 인사하며 서민의 삶을 응원한다. 서민을 영어로 옮기면 'common people'이니, 그의 이름 'Common'과 곡 제목 'The People'의 조합은 더할 나위 없이 서민적이다.

그는 몇 년 전 미국 뉴올리언스 길거리에서 홀로 랩을 하고 있던 청년의 목소리에 귀를 기울이다 함께 프리스타일 랩을 나누기도 했다. 몇몇 사람들의 핸드폰에만 저장되어 있던 그 영상은 여기저기로 퍼져나가며 후일 많은 이에게 '힙합은 한 가족'이라는 추억을 떠올리게 했다.

국내 래퍼들 중 '디핵'도 나에겐 서민적인 래퍼로 기억된다. 알록달록한 머리카락과 화려한 패션 너머의 랩과 노래는 항상 소박한 감성이 묻어난다. 디핵은 생애 첫 믹스테이프를 제작할 때 할머니 앞에서 랩을 녹음했다고 한다. 할머니와 방을 같이 쓰고 있어서 어쩔 수 없는 상황이었다. 그리고 그해 8월, 부모 대신 자신을 돌보았던 할머니와 병실에서 마지막 인사를 나눈다. 할머니가 돌아가신 바로 다음 달, 그는 할머니에 대한 감사와 추모의 마음을 담은 랩 음악을 만들어 〈20150802〉라는 제목으로 온라인에 공개했다.

디핵의 음악 스트리밍 계정에 올라와 있는 이 곡에는 "엄마 아빠 없이 할머니랑 살았는데 노래 듣고 눈물이 나네요."라는 댓글이 달려 있다. 디핵은 할머니가 한 푼 한 푼 모은 돈으로 사준 운동화를 동급생에게 빼앗기기도 했다. 중학교 시절에 이른바 학교폭력 피해자였다. 지금도 그는 가끔 학교폭력의 악몽을 꾼다며, 그럴 땐 꿈속에서 용감하게 주먹을 휘두르다 잠이 깬다고 한다.

그는 자기 모습을 있는 그대로 솔직하게 음악에 담아낸다. 특히 SNS에서 급물살을 타며 언론에서 '기적의 역주행'이라는 칭송을 받은 〈OHAYO MY NIGHT〉는 소중한 사람이 자신을 버리진 않을지 불안해하고 겁내는 마음을 담담하고 애틋하게 그려 냈다.

이 곡을 들으며 누군가는 가사에 실린 그의 애절한 심정에 공감했고, 또 누군가는 해맑은 멜로디에 매료되어 연인과의 300일을 기념하는 사진의 배경음악으로 사용했다. 심지어 학교 교실 풍경에 어울리는 내용으로 개사한 교사 버전도 있다.[26] 노래를 다양한 방식으로 활용하고 싶은 교사라면 이런 쓰임새를 눈여겨볼 만하다.

한 중학생은 이 노래를 추천할 때 가사 일부를 제목으로 착각해 "가족이 되어주라."라고 적었다. 그 학생도 나처럼 노랫말에서 어떤 뭉클함을 느꼈을 게 분명하다. 나는 이 노랫말이 전통적인 가족의 패러

다임이 바뀌는 지금 시기에 특히 잘 어울리는 문장이라고 생각한다.

가족이 되어주라

내 집이 되어주라

나도 날 줄 테니 너도 널 주라

평생의 연인이야

네 말대로 말이야

그래 별과 우주잖아

날 사랑하지 않는다면

나의 사랑 반을 받아

남은 사랑의 반도

내가 채워줄 거야 꼭 ✤

2022년에 완성된 다큐멘터리 영화 〈LA 주류 가게의 아메리칸 드림〉Liquor Store Dreams에는 이민자 부모의 식품점을 이어받은 한국계 미국인 청년이 나온다. 사려 깊은 성품의 그는 추석날 자신의 가게 앞에 차례상을 차리고 풍물을 연주한다.

차례상에는 부당한 공권력에 희생된 아프리카계 미국인들의 사진이 여럿 걸려 있다. 식품점을 자주 찾는 단골손님들과 사이좋은 동네를 만들기 위해 추석이라는 명절에 새로운 의미를 부여한 것이다.

명절 차례상 앞에서 다양한 민족의 사람들이 오손도손 대화하고 음식을 나누는 풍경은 사촌부터 팔촌까지 한데 모여 있는 대가족처럼 다정해 보였다. 미국인으로 태어나 미국에서 살면서 한국 전통의 방식으로 가족의 정서를 넓히는 그 청년의 모습은 생소하면서도 한편으론 친숙했다. 이미 우주트랩 뮤직비디오를 수십 차례나 감상하고 난 뒤였기 때문이다.

어느 날 우연히 우주한과 친한 사람을 알게 됐다. 목소리만으로 여럿이 모여 대화를 나누는 플랫폼에서 한 미국 교포와 재밌게 수다를 떨다가 그가 우주한과 자주 만나는 사이라는 얘길 듣고 나는 화들짝 놀랐다. 그도 랩을 아주 좋아했고 힙합에 대한 관점이 폭넓었기에 망설임 없이 이렇게 부탁할 수 있었다. "인터넷에 우주트랩 뮤직비디오 한글 자막이 없더라고요. 제가 번역해서 자막을 넣을 테니 제 채널에 동영상을 올려도 괜찮은지 물어봐 줄래요?"

그 제안을 우주한은 흔쾌히 허락했고, 나중에 내가 올린 한글 자막 영상을 보고 메신저로 화답했다. "와, 고맙습니다. 인상적이에요!"

이렇게 꼬리에 꼬리를 물며 서로가 연결되다니 신기했다. 나의 책 『랩으로 인문학 하기』에 추천사를 써준 한국 힙합의 선구자 'MC메타'의 트랩 스타일 랩이 절로 흥얼거려진다.

너와 나의 연결고리
이건 우리 안의 소리

chapter 13.
실천

디스보다
　　피스

랩을 좋아하는 마니아들은 이종격투기를 관람하듯 랩을 즐기려는 심리가 강하다. 실력 면에서 지금 당장 누가 최강자인지 판단하고 싶어 한다. 그런데 음악시장에서는 랩 마니아들의 관점보단 대중들의 영향이 절대적이니 개인의 분별력이 무시당한다는 느낌을 받을 수 있다. 자신이 최고로 여기는 래퍼는 조회수나 음원 순위 반응이 미적지근한데, 선호하지 않는 래퍼의 인기가 치솟을 때 특히 그렇다.

다혈질의 래퍼들도 이런 경향이 있어서 간혹 부당한 인기를 누리는 것처럼 보이거나 심기를 건드리는 래퍼들을 독하게 몰아붙이는 랩을 공개하곤 한다. 이런 곡을 디스 트랙diss track, 우리나라에서는 디스 곡이라고 한다. 어떤 래퍼가 누군가를 디스했다고 소문이 나면, 보통 디스 곡까진 아니고 짧은 랩 가사나 공개적인 말로만 슬쩍 공격한 경우다. 그러다 양쪽이 디스 곡으로 격하게 공격을 주고받는 사태가 발발하면 이를 두고 '디스 전'이라 일컫는다. (짓궂게 놀리는 말장난이나 가벼운 말다툼을 디스라 표현할 때도 있지만 대개 디스란 작정하고 한쪽을 깎아내리기 위해 하는 것이다.)

세상에서 싸움 구경이 제일 재밌다고, 유명 래퍼들 사이에 디스 전이 일어나면 온라인 댓글 판은 와글와글 싸움을 부추긴다. 디스야말로 힙합만의 멋이라면서 말이다. 그 이유를 진지하게 설명하려 애쓰는 이들도 눈에 띈다. 힙합은 애초에 인종차별을 일삼는 백인 사회를 비난하면서 시작되었으니 디스야말로 힙합의 본질이라는 주장부터 힙합이 길거리 양아치 집단의 파티에서 유래한 걸 감안해야 한다는 의견까지. 디스 랩이 자극적이고 화제를 낳아서인지 미디어에서도 '힙합은 곧 디스'라는 공식을 즐겨 사용한다.

디스는 힙합 문화가 아니야

남과의 경쟁에서 뒤처질까 불안하고 초조한 청소년들은 이런 디스 랩에 열광하기 쉽다. 디스 랩을 하면 거칠고 강해진다는 느낌을 받기 때문이다. 그러다 보니 랩 가사를 처음 쓸 때 다짜고짜 디스부터 늘어놓는 경우가 흔하다. "야, 너 힙합 좋아하잖아. 쟤 좀 디스해 봐." 하며 부추기기도 한다.

나는 처음 이런 상황에 부딪혔을 때 꽤 당황했다. 학생들은 보통 힙합을 접하게 된 배경이 나와 다르다 보니 뭐라 말하기 힘들었다. 그래도 일침이 필요하다 싶어서 "디스하려고 힙합이 탄생한 게 아니에요. 디스 말고 자기소개부터 랩으로 해봅시다."라고 짧게 조언하고 넘어갔다. 그렇게 다른 주제의 랩을 권유하는 상황이 올 때면 예전에 작업한 평화로운 분위기의 제주힙합 홍보 포스터가 떠오른다.

2005년 어느 날, 제주시청 벽화 앞에서 열린 거리공연의 제목은 '제주힙합연합공연'이었다. 그땐 그랬다. 1970년대에 형성된 힙합이라는 공동체 문화운동의 정서가 유효했기 때문이다. 래퍼가 공연의 주축이 되어도 힙합에서 랩만 중요하다는 생각은 하지 않았다. 2010년쯤까지 국내 힙합 음악은 대개 이런 마음을 어느 정도 내포하고 있었다.

그 흔적은 2012년에 방영된 〈쇼미더머니〉에 고스란히 남아 있다. 여기서 힙합 그룹 45RPM은 〈즐거운 생활〉이라는 곡을 불렀다. 이 곡의 후렴구 가사는 디제이, 엠씨, 비보이가 다 같이 즐겁게 어울리며 손

뻑을 친다는 내용이다. 이들은 라이브 무대에 디제이와 어린이 댄서 몇 명을 등장시켜 가사를 있는 그대로 재현했다. 화려한 방송 조명이 가득한 무대지만 관객들과 어우렁더우렁 리듬을 타는 모습은 동네에서 열린 힙합 잔치와 다름없었다.

이후 분위기는 완전히 달라졌다. 신예 래퍼들은 힙합 음악을 오직 랩의 발화 형식으로만 인식하기 시작했다. 새로 떠오른 래퍼들은 디스를 힙합 문화로 포장했고, 팬들은 뛰어난 래퍼들 간에 디스가 거세게 일어나야 랩이 발전한다고 믿었다.

〈쇼미더머니〉는 격투기처럼 랩 실력을 겨루는 코너를 '배틀'로 명명하다가 여덟 번째 시즌부터 갑자기 '디스 배틀'로 바꿔 표기했다. 유독 한국에서 통용되는 별난 혼종어를 방송에서 공식적으로 사용한 것이다.

힙합이라 불리는 거대한 문화에서 '디스'와 '배틀'은 별개의 용어다. 둘 다 사연과 맥락이 있어서 문자 그대로 해석하면 곤란하다. 배틀은 1970년대 뉴욕 브롱크스에서 10대 패거리 간 기세 싸움이 춤 결투로 변해간 데서 기인한다.

초기의 배틀은 유리 파편이 튄 바닥에서 피투성이가 될 정도로 춤을 추는 모습이었고, 이긴 쪽이 상대방을 내쫓아 버릴 정도로 거칠었다. 하지만 몇 년이 지나자 브롱크스는 고사하고 뉴욕 전역에서 이런 식의 배틀을 벌이던 아이들은 자취를 감추기 시작했다. 대신 춤에 진심인 무리들이 나타나 맞서 싸울 '적'이 아니라, 함께 즐길 수 있는 '동료'를 찾아 나선다.

자연스럽게 배틀은 싸움이 아니라 우호적으로 경쟁하는 '겨루기'

로 정착된다. 이런 현상은 브레이킹을 다시 부흥시켰고 뉴욕 곳곳을 배회하는 거리의 청소년들에게 영향을 미쳤다. 랩 그룹 뉴클러스의 1984년도 곡 〈Jam On It〉 뮤직비디오에는 지금도 댓글이 끊임없이 달리고 있는데, 2019년에 이런 댓글이 있었다.

"뉴욕의 갱 폭력에 관한 다큐멘터리를 본 적이 있어요. 1980년대 초반부터 중반 사이에 폭력 사건이 급격히 줄어들었는데 경찰은 도무지 이유를 알 수 없다고 말합니다. 그리고 한 경찰관이 길에 서 있는 어린 소년에게 혹시 왜 그런지 아냐고 묻는 거예요. 그 소년은 이렇게 대답합니다. 갱이 춤을 추니까요! 이런 시기는 얼마 가지 않았습니다. 슬픈 일이죠."

안타깝게도 미국에선 1980년대 중반부터 크랙이라는 마약을 둘러싼 젊은이들의 범죄가 급속도로 늘고 만다. 대신 힙합 문화는 전 세계로 퍼져나가 불안한 위험에 흔들리는 청소년들을 수시로 구조했다. 우리나라 댄서들 중에도 브레이킹에 충격을 받아 춤에 빠지지 않았다면 불량배로 살았을지 모른다며 방황했던 시절을 회상하는 이들이 있다. 나는 이야기를 들을 때마다 감탄하며 말한다. "진짜 힙합이네요."

누구나 평등하게 어울리는 사이퍼 문화

기록에 따르면 힙합이라는 문화현상이 도래했을 때, 랩의 목적은 파티에서 대화를 이끌고 사회를 보는 거라서 배틀에 이용되지 않았다고 한다. 하지만 이내 랩으로도 배틀하는 방법이 등장한다. 초기에는 상대방을 모욕하는 표현 없이 공개 오디션처럼 관객의 반응으로 랩 실력을 겨루는 방식이었다. 그러다 1981년 12월 1일에 열린 랩 배틀 현장에서 사건이 터졌다. 래퍼 쿨모디가 상대방을 모욕하는 표현으로 환호를 받아 압도적으로 승리한 것이다. 이후 그런 디스 표현이 랩 배틀에 안착했다.

그런데 랩에서 '디스 표현'과 '디스'는 목적이 엄연히 다르다. 랩 배틀 대회를 본 사람은 알 것이다. 아무리 험한 말을 뱉어도 그건 진심이 아니다. 격투기 게임을 하는 것과 비슷하다. 랩의 기술을 최대치로 발휘하기 위해 서로를 전자오락 캐릭터로 인식하며 겨루는 것이다. 다시 말해 디스 표현의 목적은 상대방을 모욕하려는 게 아니라, 공격성을 이용해 자신의 랩 기술력을 끌어올리는 데 있다.

이런 특성을 이해하지 못하면 한바탕 서로를 모욕하는 말로 배틀을 마친 두 래퍼가 악수를 나누고 연락처를 교환하며 친하게 지내는 모습이 이상해 보일 수밖에 없다. 물론 상황에 따라 둘의 경계가 애매모호할 때도 있지만 적어도 디스와 배틀만큼은 혼동하면 안 된다. 게토에 만연해 있던 폭력성을 예술적인 무술로 전환한 힙합의 평화

의지를 왜곡하는 일이기 때문이다.

2018년 여름, 〈쇼미더머니〉 제작팀에서 연락이 온 적이 있다. 『랩으로 인문학 하기』 작가로서 일곱 번째 시즌을 응원하는 영상을 찍어보지 않겠냐는 제안이었다. 잠깐 욕심이 나기도 해서 고민은 했지만 결국 거절할 수밖에 없었다. 나는 힙합 음악 장르보다 힙합이란 문화 운동에 심취한 사람이라 그와 접점이 없는 프로그램에 우호적이지도 않았고, 딱히 기대하는 바도 없었기 때문이다. 다만 이를 계기로 당시의 내 모습을 곰곰이 생각해 보게 되었다. 학교에서 강연 활동을 왕성하게 하고 있지만 뭔가 허기진 느낌이 들었다. 힙합에 대한 전문성을 갖추고 싶었다. 지금 당장 내가 할 수 있는 다른 일이 뭐가 있을까? 고심 끝에 세 가지를 적어보았다.

하나, 힙합의 초창기 역사를 꼼꼼히 조사하고 기록하자.
둘, 나와 닮은 성향을 지닌 미국 유명 래퍼와 힙합인들의 가사와 인터뷰를 번역하자.
셋, 상호 호혜를 경험할 수 있는 프리스타일 랩 사이퍼를 주최하고 진행하자.

마침 나는 2018년 2월부터 외국의 힙합 응용 교육 사례를 찾아 번역해 오던 중이었다. 조금 더 부지런해지기로 마음먹었다. 영어 실력은 변변치 않았지만 번역기와 전자사전을 동원하니 웬걸, 할 만했다. 힘든 부분은 영어 실력자들에게 물어가며 완성해 냈다. 그렇게 번역 작업을 이어가자 차츰 요령이 붙어서 작업물이 차곡차곡 쌓였다. 3년 동안 인터넷에 공유한 영상들이 50여 개에 달했다.

이에 더해 한창 코로나 비상사태로 전 세계인이 외출하기 어려웠던 시기에 나는 온라인에서 랩 사이퍼를 열어야겠다고 결심했다. 2021년의 일이다. 마침 목소리로 대화하는 플랫폼이 등장한 터라 사교적인 사람들이 그쪽으로 몰려드는 상황이었다. 부산에서 활동하는 비보이 고타가 날 적극적으로 도왔다(그는 브레이킹 단체 '오샤레 크루'를 중심으로 활동을 펼쳐온 마당발이다). 고타는 앱에서 친해진 이들에게 내가 만든 모임을 추천했고 본인도 참여했다.

결과는 놀라웠다. 전국 곳곳을 넘어 세계 곳곳에서 소문을 듣고 찾아왔다. 나는 이 사이퍼 모임을 2년간 300차례나 열었고 1천 명 이상이 방문했다. 간혹 디스만 퍼붓고 싶어 하는 훼방꾼이 끼어들긴 했지만 어울려 랩을 하다 보면 눈치를 보다 자중하거나 휙 사라져 버렸다. 참여한 이들의 연령층도 다양했다. 얼굴이 보이지 않아서였을까, 중학생부터 60대까지 어울리는 데 무리가 없었다.

사람들의 랩을 듣다 보면 사는 곳과 하는 일을 짐작할 수 있었다. 기업의 대표, 편의점 알바생, 미국 유수의 대학교에 다니는 학생, 고등학교 졸업생 등이 모여 모두 평등하게 랩을 하고 서로의 목소리에 귀를 기울였다. 오직 랩에 담긴 정성과 진솔함만이 중요했다. 힙합 문화를 다룬 미국의 명작 다큐멘터리 〈프리스타일: 라임의 예술〉에는 이런 말이 나온다. "힙합의 모든 것은 사이퍼에서 시작했어요."

사이퍼를 영어 발음에 가까운 '싸이퍼'라고 표기하는 이들도 많지만, 나는 우리말 '사이'가 들어 있는 사이퍼로 쓰는 걸 선호한다. 자신과 상대 사이를 흥미진진하게 이어주는 방식이 바로 사이퍼니까. 세계적인 브레이킹 행사의 주최 측 홈페이지 글이 이런 내 마음을 대변한다.

"사이퍼는 무대나 미리 준비된 장소가 필요하지 않습니다. 파티, 클럽, 콘크리트가 깔린 바닥, 기차역, 해변, 누군가의 거실 등 어디에서나 할 수 있으니까요. 사이퍼는 완벽한 공간입니다. 사이퍼에서는 무언가를 잃을 염려 없이 연습한 모든 것을 총동원할 수 있죠. 경쟁 대회에서는 새로운 무언가를 시험하다가 잘 안되면 패자가 될 수 있잖아요. 사이퍼에서는 혹여 충돌이 생기더라도 별다른 문제가 되지 않습니다. 그 자리엔 심판도 없고 패자도 없으니까요."[27]

2023년, 힙합은 어느덧 탄생 50주년을 맞이했다. 1978년에 태어난 나보다 다섯 살 위다. 나는 몇 살까지 힙합을 좋아한다고 떠들며 다닐 수 있을까. 언제가 될진 몰라도 그때까진 소박한 사이퍼를 자주 열어야겠다는 결심을 해본다. 나의 정체성은 음반을 제작하고 공연하는 랩 아티스트가 아닌, 랩으로 대화하고 실천하는 엠씨다. 나는 엠씨로서 힙합의 전통과 미덕을 시대에 맞게 되살리는 장인이 되고 싶다. 다양한 사람이 살아가는 세상에선 필연적으로 다툼이 생기고 디스가 발생하기 마련이다. 그럴 때마다 난 힙합의 마음으로 대처할 것이다. 디스보다 피스로!

대중음악에서 배운 것들

이야기를 닫으며

강연장에서 나는 '세상에 하나쯤 있어도 좋을 래퍼'라고 나를 소개한다. 그렇게 소개하는 이유는 힙합이란 문화의 넉넉한 품성을 알리고 싶어서다. 힙합은 평범한 나에게 래퍼라는 호칭을 허락했고, 삶 속에서 주인공이 될 수 있는 순간을 아낌없이 선물해 주었다.

나는 지난 20년간 공연을 수백 차례 해왔고 열의가 담긴 음원을 여러 개 냈지만, 음악적으로 이렇다 할 성과는 없었다. 한마디로 '랩 아티스트' 기준에는 못 미치는 래퍼지만 힙합은 나에게 랩으로 소통하고 대화하는 엠씨(Emcee, 사회자를 뜻하는 MC를 소리대로 쓴 명칭. 공동체의 소통을 추구하며 랩을 구사하는 래퍼를 말한다)의 자리를 내주었다. 힙합은 음악 장르보다 넓은 문화라서 엠씨의 정체성을 지닌 래퍼 또한 필요한 법이다.

나와 동료들이 심혈을 기울여 번역한 다큐멘터리 〈프리스타일: 라임의 예술〉에도 이런 말이 나온다. "대회에서 왕좌를 차지하려고만 하는 랩은 저에게 엠씽(Emceeing, 엠씨가 랩을 하는 행위)이 아니에요. 저는 랩으로 소통하는 사람communicator입니다."

나는 엠씨의 역할을 증명해야 했다. 그 일환으로 랩으로 대화하는 사이퍼 모임을 꾸준히 열었고, 다양한 상황에서 프리스타일 랩을 시도하는 영상을 SNS에 올리기 시작했다. 이런 나를 보고 누군가는 아티스트 같지 않다며 무시했고, 누군가는 힙합을 느꼈다며 존중을 표했다. 내게 꾸준히 길을 안내하는 힙합은 주류의 모습이 아니다. 소외된 이들을 관심 있게 지켜보며 일상의 창조성을 독려하는 비주류의 모습을 하고 있다.

나의 첫 직장은 재사용품을 판매하는 사회적기업이었다. 그곳에 지원한 이유는 비주류 느낌이 나서였다. 입사 후 무려 7년 동안 낮에는 일을, 밤에는 랩을 하는 생활을 이어갔는데 직장 동료들은 그런 나를 격려하고 단체의 자랑으로 삼았다. 뜻이 맞는 이들과 랩 그룹도 만들어 활동하며 내 인생에서 가장 치열하게 창작에 몰두한 시기였다.

또 한편으론 질투심을 많이 느낀 때이기도 했다. 랩을 뛰어나게 잘하는 사람이 나타나면 보고 배워야겠다는 생각이 들면서도 질투에 가까운 경쟁심이 일었다. 환호받는 이를 보면 배가 아프기도 했다. 질투심은 발전의 원동력이 되기도 했지만 결코 즐거운 감정은 아니었다. 그로 인해 머릿속에 먹구름이 끼고 스트레스로 힘들 때도 많았다. 어느 순간부터 랩이 내 삶을 불행하게 할 수도 있겠구나 싶었다.

나는 고민 끝에 방법을 하나 찾았다. 음악에 빠져 열심히 듣고 사랑했던 열여섯 살 때의 마음을 회복하기로 마음먹은 것이다. 순수한 감상자였던 그때의 마음으로 돌아가 바로 실행에 옮겼다. 날마다 새로운 음악을 찾아 듣고 그냥 즐겼다. 다른 래퍼의 무대를 볼 땐 나와 비교하지 않으려 애썼다. 마음 넉넉한 관객이 되어 그들의 장점을 발견하고 응원했다. 창작자가 아닌 호기심 많은 감상자로서 음악을 대하려고 노력한 것이다. 그 과정에서 나는 무엇보다 먼저 '행복한 감상자가 되어야 한다'는 것을 깨달았고, 더 나아가 음악을 어떻게 듣고 만나야 할지 안내하는 역할을 맡아야겠다고 생각했다.

행복한 감상자의 모습을 되찾으니 문화의 의미를 더욱 숙고하게 되었다. 예술 그 자체보다 예술을 둘러싸고 벌어지는 사람들 사이의 상호작용에 더 큰 관심이 쏠렸다. 우리에겐 어떤 문화가 필요한지 질문을 던지고, 문화에 숨을 보태는 음악과 공연장을 수시로 찾아다녔다. 그 과정에서 여러 예술가와 친밀해졌고 기회가 닿는 대로 랩을 읊었다. 2010년 어느 날 적은 다짐처럼 지금도 나는 매일매일 랩을 한다. 하루도 빠짐없이.

하루라도 랩을 쉬면 가시 돋쳐 입 아퍼
난 조금 별난 힙합퍼

영리와 비영리, 주류와 비주류 사이에서 내 능력으로 할 수 있는 분야를 찾아 좌충우돌 시도하던 중에 『랩으로 인문학 하기』를 쓰게 되었다. 갈수록 랩을 찾아 듣는 학생이 많아지면서 강연을 요청하는 학교도 늘었고 자연스레 나의 직업은 청소년 교양 강사로 바뀌었다.

나를 초대한 학교에서는 대규모 강연을 준비하는 경우가 많았다. 처음엔 수백 명 정도 되는 전교생 앞에서 마이크를 들자니 스트레스가 만만치 않았다. 래퍼라고 소개하면 바로 유명 랩 스타와 비교될 게 뻔한 일이니 부담이 컸다. 강당에 올라갈 때마다 심기일전이 필요했다. 마음속으로 '그래, 할 수 있어!' 하며 눈을 크게 떴다. 그런 마음을 불러낼 때면 열여섯 살 때부터 즐겨 듣는 강산에의 〈넌 할 수 있어〉를 소환한다. 당시에 난 이 노래가 담긴 카세트테이프를 한 푼 두 푼 모은 용돈으로 사서 테이프가 늘어질 만큼 듣곤 했다.

어려워 마 두려워 마 아무 것도 아니야
천천히 눈을 감고 다시 생각해 보는 거야
세상이 너를 무릎 꿇게 하여도
당당히 네 꿈을 펼쳐 보여줘
너라면 할 수 있을 거야 할 수가 있어
그게 바로 너야
굴하지 않는 보석 같은 마음 있으니 ✦

    수업을 준비할 땐 눈앞에 가상의 공간을 두고 차근차근 예행연습을 했다. 그러곤 실제 강연장에서 적용해 나갔다. 제일 먼저 프리스타일 랩으로 나를 소개하고 학생들과 인사한다. 그런 다음 강연을 준비해 준 교사의 이름을 화면에 크게 띄우고 활기차게 외친다. (이를 힙합에선 샷아웃shout-out이라고 하는데, 그때마다 학생들은 반사적으로 힘찬 박수와 환호를 보내준다. 때로 나는 현장을 담은 영상 중 그 부분만 따로 편집해 담당 교사에게 선물하기도 한다.)

    나는 서서히 대규모 강연에 적응해 갔다. 이런 아이디어와 진행 방식은 모두 내가 경험한 힙합 문화에서 나온 것이다. 힙합 문화의 바탕은 존중과 화합이다. 이처럼 내가 실천해 온 대로 힙합을 생활에 접목해 살아가는 방식을 전하면 학생들은 랩 스타와 나를 비교하지 않았다.

    때에 따라 랩이나 춤을 좋아하는 학생을 무대로 초대해 이야기를 나누는 방식을 택하기도 했다. 간혹 나보다 랩 실력이 뛰어난 학생들도 있었는데, 랩이든 춤이든 학생에게 직접 배우는 모습을 보이니 오디션처럼 평가받을 일도 없었다. 그런 태도 덕분에 나는 예술에 조예가 깊은 문화인으로서 호감을 살 수 있었다.

인생은 한 편의 '영화' 같잖아
그래서 난 항상 '배우'는 자세

주변에서는 내가 좋아하는 일을 잘 찾은 직업인으로 보이는지 부러워한다. 종종 청소년 진로 교육을 맡아달라는 요청이 들어올 때도 있다. 한번은 중학교에서 '좋아하는 것을 직업으로 삼는 방법'이란 제목으로 진로 강연을 부탁해 와서 난감하기 짝이 없었다. 생각해 보니 좋아하는 것을 직업으로 삼기 위해 노력한 적이 없었기 때문이다. 그저 기질에 잘 맞을 듯한 일을 사방팔방으로 찾았을 뿐이다. 그래서 '좋아하는 걸 포기하지 않는 방법'으로 하면 어떻겠냐고 제안했더니 다행히 담당 교사도 맞장구를 쳐주었다.

청소년기에 적성을 발견하고 미래의 직업까지 차근차근 순서를 밟는 사람이 과연 몇이나 될까? 나만 해도 20대 중반을 넘고서야 슬슬 직업을 고민하기 시작했다. 돈을 벌기 위해 편의점 일부터 63빌딩 세탁물 운반까지 다양한 알바를 했다. 그중엔 김포공항 구석에서 전통과자를 만드는 일도 있었는데 적성에 잘 맞았다. 지나가는 사람들의 시선을 끌면서 재담을 늘어놓는 일이라 재미를 느꼈다.

돌이켜 보면 일종의 적성 조사 기간을 가진 셈이다. 그렇게 지내다 보니 좋아하는 일을 포기하지 않고 계속해 나가려면 반드시 여러 종류의 기회를 만나야 한다는 걸 알게 되었다. 그런데 기회란 도대체 어디서 어떻게 얻을 수 있는 걸까?

나는 기회를 얻는 방법을 여러 인디 음악가에게서 배웠다. 아직 이렇다 할 뚜렷한 적성을 발견하지 못했다면 인디 음악가들의 발자취를 따라가 보자. 소소한 기회를 직접 만들어 꾸준히 성장해 나가는 그들의 모습에서 배울 점이 많기 때문이다.

인디는 '독립적인'이라는 뜻의 영어 단어 'independent'의 줄임말이다. 무엇에서 독립하겠다는 걸까? 바로 거대한 상업 시장이다. 오늘도 숱한 인디 음악가들은 돈을 아껴 녹음하고 공연하고 음원을 발표한다. 음악으로 벌이가 신통치 않다면 알바를 하거나 최대한 안정적인 직장을 구해 일하면서 틈틈이 작업한다. 훗날 누군가는 대중에게 유명한 사람이 되기도 하고, 또 누군가는 아는 사람만 아는 음악가로 남기도 한다. 인디를 좋아하는 사람에게는 어느 쪽이나 아름다운 삶이다.

서로 추천한 음악을 살펴보고 함께 감상하는 시간은 음악에 관심 없는 이들을 위해서도 꼭 필요하다. 다른 친구가 몰입해서 듣는 음악이면 덩달아 호기심이 생길뿐더러, 우연히 마음을 움직이는 작품을 만날 수도 있으니까.

한 중학교에서 대안 교실을 진행할 때의 일이다. 쉬는 시간에 갑자기 한 학생이 노래방 앱을 이용해서 웅얼웅얼 노래를 부르기 시작했다. 박자도 어긋나고 다소 서툰 모습이었지만 이내 놀라운 광경이 펼쳐졌다. 평소 티격태격하며 거친 말을 주고받던 학생들이 친구 옆에 앉아 2절까지 들어주는 게 아닌가! 그 장면은 무척 감동적이었다.

여러 세대가 어울리는 대중음악 감상 수업은 분위기가 한층 더 좋다. 처음엔 서먹하고 어색한 분위기가 감돌지만 추천 음악을 공유하면 수월하게 서로 곁을 내준다. 청소년들은 직접 추천한 음악이 어른들에게 존중받으니 뿌듯해하고, 어른들은 청소년들이 즐기는 음악과 자신들의 추천 음악을 비교하며 신선한 기분을 느낀다. 무엇보다 음악으로 아이들을 이해하고 서로 친해질 기회도 얻게 되니 어른들에겐 금상첨화다. 그래서인지 도서관 같은 공공장소에서 다양한 연령층이 한자리에 모이는 강의가 더욱 기대된다.

스리랑카에서 수렵 생활을 하는 어느 부족은 누가 단순한 소리를 내기 시작하면 거기에 비슷하지만 조금은 다르게 자신의 소리를 덧붙이는 식으로 함께 노래한다고 한다. 작곡가 히사이시 조는 이 연구를 언급하며 인류가 노래를 부르는 근원을 고찰했을 때, 중요한 부분은 자기표현이나 음악성의 구현보다 상대방을 향한 관심과 마음이 우선인 것 같다는 흥미로운 의견을 내놓는다.[28]

그러고 보니 나만 해도 어떤 랩 음악이 내 취향과 맞아떨어져도 래퍼의 행동이나 패션이 별로 마음에 들지 않으면 따라 부르고 싶은 마음이 들지 않는다. 랩으로 '나 자신'을 표현하려면, '내 마음'을 기꺼이 내어줄 수 있는 래퍼를 찾는 게 우선이다.

가끔 이런 생각을 해본다. 문득 어떤 음악가를 따라 하고 싶어졌다면 그의 무언가가 나와 닮았기 때문이라고. 그를 흉내 내고 싶은 마음에 노래나 춤을 유심히 관찰하고 마음에 드는 가사는 술술 외우게 된다. 이처럼 대중음악은 평범한 사람들의 예술적 욕구를 자극해서 외부로 표출해 주는 역할을 한다. 누구나 매력적인 모습을 보면 따라 해보고 싶은 충동이 일어나지 않는가. 아이유의 3단 고음처럼 부르기 힘든 노래도 노래방에 가면 되든 안 되든 무작정 시도해 보는 사람이 많은 것처럼 말이다. 반면 성악은 흉내조차 쉽지 않은 발성 때문에 선뜻 따라 부르기 힘들다.

연주 방식도 그렇다. 단 네 개의 기타 코드로 연주할 수 있는 대중음악이 수두룩하다. 21세기를 대표하는 팝스타 에드 시런의 〈Perfect〉란 노래도 처음부터 끝까지 'G Em C D' 코드 네 개만 반복하면 된다.

이처럼 대중음악 속에는 특별히 배우지 않아도 스스로 흡수할 수 있는 기술적 요소가 많다. 흔히 우리는 남보다 실력이 뛰어난 사람에게 감탄의 표시로 "천잰데!" 하며 칭찬하기 좋아한다. 그런데 더 놀라운 건, 천재 같은 사람이 만든 음악을 우리가 듣자마자 바로 이해하고 즐기고 있다는 사실이다. 감상하는 법을 따로 배운 적도 없는데 말이다(음악성은 사실 누구나 지닌 속성이다).

"이미 늦은 거 같아요." "공부를 못해서 안 돼요." "재능이 없어서 포기할까 해요." 청소년들에게 자주 듣는 말들이다. 그들은 평소에 관심 있는 분야를 두고 말하면서 지레 의기소침해한다. 한편으론 좋아하는 일을 생각해 볼 엄두조차 못 낸다며 "대학만 가면 어떻게든 되겠죠."라거나 "대학은 못 갈 것 같으니 알바해서 돈이나 벌려고요." 같은 말도 심심찮게 꺼낸다.

절망적인 말들은 대체로 꽉 막힌 고정관념에서 나온다. 이럴 땐 고정관념에 얽매이지 않고 자신에게 가장 잘 맞는 삶의 방식을 찾아낸 대중음악가들의 사연을 찾아보면 고정된 틀에서 벗어나는 데 도움이 된다. 대중음악은 이 순간을 살아가는 현대 인류의 자화상이다. 자화상에는 온갖 모습이 섞여 있다. 사랑, 분노, 열정, 우울, 욕망…. 그래서 대중음악은 놀랍도록 힘이 세다.

대중음악은 누군가의 의식을 거머쥐고 혼란스럽게 뒤흔들기도 한다. 나는 누구든지 음악의 놀라운 힘에 휘둘리며 사는 게 아니라, 그 힘을 잘 활용하며 살기를 바란다. 대중음악에서 적절한 위로와 용기를 얻고 삶에 활력을 더하기를. 더 나아가 살아가면서 마주치게 될 사람들의 내면을 대중음악으로 한층 깊이 들여다보고, 사람들 사이의 갈등까지 완화하는 방법을 찾는 것. 서로가 첨예하게 대립하는 세상에서 내가 추구하는 평화론이다.

책 속 플레이리스트

01	깊은 밤을 날아서
	노래: 이문세 작사·작곡: 이영훈

02	장산중학교 학생의 스캣

03	Misty
	노래: Ella Fitzgerald 작사·작곡: Johnny Burke, Erroll Garner

04	문어의 꿈
	노래: 안예은 작사·작곡: 안예은

05	고래
	노래: AKMU(악뮤) 작사·작곡: 이찬혁

06	가을 아침
	노래: 아이유 작사·작곡: 이병우

07	사건의 지평선
	노래: 윤하(YOUNHA) 작사: 윤하 작곡: 윤하, JEWNO

08	오르트구름
	노래: 윤하(YOUNHA) 작사: danke 작곡: JEWNO, KZ, HOFF

09	Heal The World
	노래: Micheal Jackson 작사·작곡: Micheal Jackson

10	We Are The World
	노래: USA FOR AFRICA 외 여러 명
	작사·작곡: Michael Jackson, Lionel Richie

11 Believer
노래: Imagine Dragons   작사·작곡: Dan Reynolds 외 여러 명

12 2002
노래: Anne-Marie
작사·작곡: Benjamin Levin, Anne-Marie Nicholson 외 여러 명

13 Perfect To Me
노래: Anne-Marie
작사·작곡: Anne-Marie Nicholson, Jennifer Decilveo, Levi Lennox

14 김하온 학년별 사이퍼 랩(고등래퍼2)
작사: 김하온   비트: Lupe Fiasco 〈Around My Way〉 Inst.

15 붕붕
노래: 김하온(Feat. 식케이)
작사: 김하온, 식케이   작곡: 그루비룸, 식케이

16 니들이 어로리를 알아
노래: 보람할매연극단   작사: 탐쓴, 보람할매연극단

17 마이무나 유세프의 랩
작사: Maimouna Youssef

18 +안해180327+
노래: CL   작사: CL, Tokki
작곡: Sean Myer, CL, Delacey, Michael Pollack

19 Uzutrap
노래: Uzuhan(우주한) (Feat. Yetti Paints)
작사·작곡: Uzuhan, Young Sidechain

20 OHAYO MY NIGHT
노래: 디핵(D-Hack), PATEKO(파테코)   작사: 디핵   작곡: PATEKO

21 넌 할 수 있어
노래: 강산에   작사: 강산에, 나비   작곡: 홍성수

추천 음악 100% 활용하기

너와 나의 추천 음악

1 손바닥 크기의 메모지를 한 장씩 나눠 줍니다.

2 다른 사람에게 추천하고 싶은 음악을 적어달라고 하세요. 어떤 음악도 괜찮지만, 분위기에 따라 장난으로 쓰지 않도록 설명이 필요할 때도 있습니다. 두고두고 들을 만한 음악을 두세 곡 정도 쓰면 적당하고요. 가수 이름이나 노래 제목이 잘 생각나지 않는다면 일단 떠오른 만큼 적으면 된다고 말해줍니다.

3 한 곡도 쓰지 못하는 사람이 있다면, 추억 속에서 한 곡이라도 떠올려 보도록 격려해 주세요. 물론 생각나지 않아도 괜찮습니다. 나중에 다른 사람들이 추천한 음악에서 마음에 드는 점을 찾아보라고 조언해 주세요.

4 사진으로 찍어 간직할 테니 작성자의 이름이나 별명이 잘 보이게 적어달라고 얘기하세요.

5 추천 음악 메모지를 받을 때는 시험지처럼 걷지 말고, 먼저 쓴 사람을 한 명씩 찾아가 받는 편이 좋습니다. 점착 메모지에 적은 경우 칠판에 붙여달라고 해도 되고요. 진행자가 칠판에 붙은 노래 제목을 몇 개 소리 내어 읽으면 즐거운 긴장감이 생깁니다. 단, 자신의 추천곡을 아무에게도 말하지 말고 혼자만 봐달라고 부탁하는 사람이 있을 수 있는 점을 유념해야 합니다. 남이 쓴 음

악을 비웃듯 언급하는 사람에게는 주의를 주세요.

6 메모지를 모두 모았다면 모든 추천 음악이 다 각자의 자기소개서이자 정답이라고 말해줍니다. 작성한 음악 중 반가운 곡이나, 생소한 곡을 뽑아 짧은 대화를 나눠보세요. 집에서 한 곡 한 곡 다 감상할 테니 다음 시간에 이어서 얘기를 나누자고 예고합니다.

7 추천 음악 메모지는 4장 또는 6장 단위로 사진을 찍습니다. 한 곡만 쓴 종이와 여러 곡을 쓴 종이가 적절하게 섞일 수 있도록 배열합니다. 이 사진을 파워포인트 문서에 옮겨 담습니다.

8 추천 음악을 들으면서 한 사람당 대표곡 하나를 선정합니다. 기준은 진행자가 듣기에 음악 자체로 감동이 느껴지거나 이야기 소재가 풍부한 곡입니다. 심한 비속어나 욕설이 있는 노래는 모두가 함께 들어도 문제가 없는 구간으로 확인합니다.

9 시간이 충분하다면 추천 음악을 쓴 사람을 모두 인터뷰하는 것이 좋습니다. 가령 20명이 참가한 수업을 5회 진행한다면, 4회 동안 5명씩 나눠 인터뷰합니다. (물론, 인터뷰를 원하지 않는 사람은 제외합니다.)

10 인터뷰할 때는 추천자의 등장이 초대 손님으로 인식될 수 있도록 약간의 연출이 필요합니다. 파워포인트에 인터뷰할 사람의 이름을 미리 써두고, 의자와 마이크를 준비합니다. 마이크가 있어야 인터뷰의 격식이 갖춰지고 과정이 수월하게 진행됩니다.

11 우선 메모지를 찍은 사진을 화면에 띄워 전체적으로 같이 살펴보고, 이어서 한 명씩 인터뷰를 진행하겠다고 얘기합니다. (상황에 따라선 둘씩 나와서

얘기하는 것이 더 나을 때도 있습니다.)

12 인터뷰 대상을 미리 알리지 말고, 추천받은 음악 일부분을 재생합니다. 짧게는 30초 길게는 1분 정도가 적당합니다. "이 음악을 추천한 사람은 ○○○입니다."라는 식으로 추천자를 소개해 주세요. 만약 영상을 활용한다면 화면 구성이 산만하지 않아 음악에 집중하기 좋은 영상을 선별해서 틀어야 합니다. 차분한 연출의 라이브 영상, 작품성 있는 뮤직비디오가 있다면 좋지만 마땅한 영상이 없다면 가사 영상을 준비합니다.

13 인터뷰 진행자는 추천자가 또렷한 목소리로 인사하도록 안내합니다. 만약 목소리가 위축되어 있다면, 편안한 자세로 마이크를 잡고 얘기할 수 있도록 일러줍니다.

14 인터뷰 질문은 다양하게 준비합니다. "이 곡은 어떻게 알게 되었나요?" "이 음악의 어떤 점이 가장 매력적이었나요?" "하루 중 음악은 언제 많이 듣나요?" "주로 어떤 분위기의 음악을 선호해요?" "관심 있는 뮤지션에 대해 아는 만큼 소개해 줄 수 있나요?" 또는 "중학생이 되니 어떤 점이 힘들고 어떤 점이 즐거운가요?"처럼 일상적인 질문을 덧붙여 인터뷰를 풍성하게 만듭니다.

15 진행자는 추천자의 말에 반응하면서 그 음악과 어울리는 해설과 의견을 덧붙여 주세요. 때에 따라서 추천자가 노래나 랩 일부를 직접 불러줄 수 있다면 더욱 좋습니다. (멜로디를 약간 흥얼거리는 정도만 해도 괜찮아요.)

16 교실이나 강당에서 의자와 책상을 움직일 수 있다면, 앞에 앉은 사람과 머리가 일직선으로 겹치지 않도록 배열하세요. 특히, 양 끝 책상은 앞쪽 중앙을 향해 약간만 각도를 틀어주세요. 같이 앉을 사람 없이 혼자 앉아야 하는 사람들을 배려한다면 의자와 책상을 여기저기 산만하게 흩어 놓는 것도 괜찮

습니다. 맨 앞자리에 소파 같은 특별한 의자를 두어 앞에 앉는 사람들을 배려하는 것도 재밌는 분위기를 만듭니다.

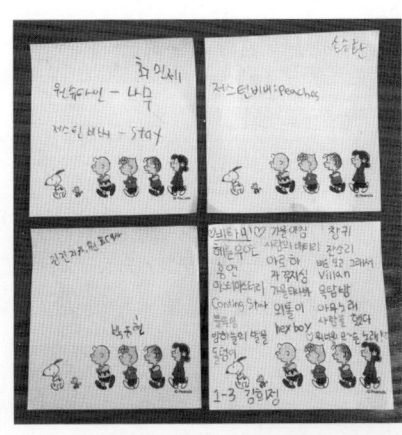

주

1 「Study: New Music Discovery Stops at Age 33」(UNCUT, 2015.5.1)

2 「월급날마다 대량 구매... 안예은의 의미 있는 '월례행사'」(오마이뉴스, 2021.3.22)

3 「'문어의 꿈' 노래 한곡으로 2300만뷰 "저보고 초딩들의 대통령이라네요"」(매일경제, 2021.6.18)

4 「아이유 "스물 다섯 살, 이제 저를 알 것 같아요"」(메트로신문, 2017.4.23)

5 「작사가 김이나 인터뷰. 그녀가 사는 이야기」(대학내일, 2015.4.21)

6 「노래 부르면 건강에 좋아」(병원신문, 2005.11.29)

7 「집 나온 16살이 밤 지새울 곳은 24시 카페뿐이었다」(한겨레, 2016.1.11)

8 「윤하 '사건의 지평선', 이유 있는 역주행」(한겨레, 2022.11.7)

9 「윤하 – 오르트구름 [유희열의 스케치북/You Heeyeol's Sketchbook] | KBS 211119 방송」, KBS Kpop, 유튜브.

10 Climate Clock 사이트(https://climateclock.world)

11 「수리할 권리 선언문 RFPAIR MANIFESTO」, 리페어라이프앤디자인 블로그.

12 '2023 올해의 노래', 한국대중음악상 시상식, https://koreanmusicawards.com/project/%EC%9C%A4%ED%95%98younha-2

13 「[2023슬학] 현길쌤의 반전매력 춤추는 초등학교 교사 브이로그」, 교육TV, 유튜브.

14 'Beat It' by Michael Jackson, 〈VOA〉, 2013.3.23.

15 「엔터더우탱 25주년: 우탱은 어린이를 위하여」, 박하재홍 블로그.

16 DIRECTOR BOB GIRALDI ON MJ'S IDEA TO RECRUIT GANG MEMBERS FOR 'BEAT IT', 마이클 잭슨 공식 사이트(https://www.michaeljackson.com), 2022.12.20.

17 「우리나라 대통령 취임식에 참석한 역대급 하객」(중앙일보, 2017.5.10)

18 「대화의 희열 - 음악을 사랑한 의사, 이국종. 20181110」, KBS Entertain, 유튜브.

19 「호날두는 '날강두'인가?」, 문용석, 브런치, https://brunch.co.kr/@ymoon/1420

20 「앤-마리 (Anne-Marie) - 2002 (Live) 가사번역 by 영화번역가 황석희」, 워너뮤직코리아, 유튜브.

21 「여성 알바 98%, 남성에게 '외모 품평' 경험」(뉴스앤조이, 2017.3.9)

22 「'고등 래퍼' 김하온이 자퇴를 결심하게 된 사연」(SBS 뉴스, 2019.1.24)

23 B-BOY SUMMIT 사이트(https://www.bboysummit.com/about)

24 「마이무나유세프, 여성을 '푸시'라 부르는 이들에게」, 박하재홍 블로그.

25 「DJ Workshops for Deaf Artists Launching in London in 2022」(Selector, 2021.12.23.)

26 「OHAYO MY NIGHT 선생님 버전」, 웃교수, 유튜브.

27 「사이퍼의 의미와 중요성을 설명한 '레드불' 칼럼」, 박하재홍 블로그.

28 히사이시 조·요로 다케시, 이정미 옮김, 『그래서 우리는 음악을 듣는다』, 현익출판, 2023, 201쪽.

디스보다 피스
세대를 뛰어넘어 대중음악으로 소통하기

2024년 7월 5일 1판 1쇄 펴냄
2025년 7월 3일 1판 2쇄 펴냄

지은이	박하재홍
펴낸이	이미경
펴낸곳	도서출판 슬로비(등록 제2013-000148호)
	전화 070.4413.3037 팩스 0303.3447.3037
	메일 slobbiebook@naver.com
	블로그 blog.naver.com/slobbiebook
	스마트스토어 smartstore.naver.com/slobbiebook

모니터링	최문희 윤은미 변윤제 김이초
디자인	studio fttg
제작	올인피앤비

isbn   979.11.87135.31.9(03670)

· KOMCA 승인필
· 이 책 내용의 전부 또는 일부를 이용하려면 저작권자와
  도서출판 슬로비의 서면 동의를 얻어야 합니다.